教师职业素养与发展规划

教师必备的法律手册

马军 褚晓锐 辛林◎编著

JIAOSHIBIBEIDE FALVSHOUCE

吉林出版集团 吉林文史出版社

图书在版编目（CIP）数据

教师必备的法律手册 / 马军，褚晓锐，辛琳编著 .
——长春：吉林文史出版社，2012.12（2025.9重印）
（教师职业素养与发展规划）
ISBN 978-7-5472-1327-8
Ⅰ. ①教… Ⅱ. ①马… ②褚… ③辛… Ⅲ. ①法律-中国-手册 Ⅳ. ①D920.5-62
中国版本图书馆 CIP 数据核字（2012）第 291510 号

教师职业素养与发展规划

教师必备的法律手册

JIAOSHIBIBEIDEFALVSHOUCE

编著/马军　褚晓锐　辛琳
责任编辑/高冰若
封面设计/小徐书装
出版发行/吉林文史出版社
地址/长春市福祉大路 5788 号
邮编/130117
印刷/唐山富达印务有限公司
开本/710mm×1000mm　1/16
印张/10.5　**字数**/142 千字
版次/2012 年 12 月第 1 版　2025 年 9 月第 4 次印刷
书号/ISBN 978-7-5472-1327-8
定价/69.80 元

目　录

/ 教育法律关系主体

教育法律关系主体，是指依法享有教育权利、承担教育义务的人或组织，或者说就是教育法律关系的参加者。在某一具体的教育法律关系中，享有教育权利的一方称为权利人，承担教育义务的一方称为义务人；每一方主体，往往既是权利人，又是义务人，即在享有某种权利的同时又承担了某种义务。本章将对教育法律关系中学校、教师、学生的权利与义务加以讨论和分析。

/ 学校的权利与义务 /

学校作为有目的、有计划、有组织地进行教育教学活动的重要场所，是《教育法》调整的基本对象，学校工作正逐步纳入法制化的轨道。现代社会的学校管理工作，需要妥善处理好一系列的权利和义务关系。而对于学校来说，首先需要明确自身的法律权利和义务。

学校的基本权利 /

我国《教育法》第二十八条对学校的权利作出了如下规定：

按照章程自主管理

学校一经批准设立或登记注册，其章程对本机构的活动便具有确定的规范性，

而学校按照自己的章程自主管理机构内部活动的权利即为法律所确认。章程是指学校为保证正常运行，对内部管理进行规范而制定的基本制度，是实行依法治校，提高学校管理水平和效率的重要保证。学校依法制定章程，确立其办学宗旨、管理体制及各项重大原则，制定具体的管理规章和发展规划，自主地作出管理决策，并建立、完善自己的管理系统，组织实施管理活动。这是建立现代学校管理体制的重要前提。主管部门或举办者对学校符合其章程规定的管理行为无权干涉。规定这一权利，有助于学校自主办学，自我约束。

《教育法》规定学校享有这样的权利，是基于学校作为法人在依法批准设立时，必须具有符合国家规定的组织章程。法人本身是一个组织机构，组织机构的运转活动必须有自身内部的管理章程，这是设立学校及其他教育机构所必须具备的四个基本条件中的第一个。学校一经依法设立，即意味着具备得以设立的全部条件，也就是说其章程得到确认。因此学校按照被确认的章程管理自身内部的活动即成为学校及其他教育机构所行使的法定权利。依据各级各类学校的任务不同，章程的内容各有不同，但其共同点应主要包括办学宗旨、教育教学活动管理规则、校内管理体制、财务管理制度、安全保卫制度、民主管理与监督制度、修改章程的程序等。

组织实施教育教学活动

教学活动是学校最基本、最重要的活动。学校有权依据国家教育主管部门有关教学计划、课程、专业设置等方面的规定，根据自己的办学宗旨和任务，自行决定和实施本机构的教学计划，决定具体课程、专业设置，决定选用何种教材，决定具体课时和教学进度，组织教学评比、集体备课，对学生进行统一考核、考试等。教育行政部门不能非法干预学校的上述权利，并负有保护学校正常教学活动免受外界不良因素干预的责任。

招收学生或者其他受教育者

学校有权根据自己的办学宗旨、培养目标、任务以及办学条件和能力，根据国家有关招生法规、规章和主管部门的招生管理规定，制定本机构具体的招生办法，发布招生广告，决定招生的具体人员和数量，确定招生范围和来源。招生权是学校的基本权利，赋予学校这一权利，有助于深化招生体制改革，也有利于学校的自主办学。学校依法行使招生权时，教育行政部门不能随意干预学校的具体招生事宜，更不能侵害学校的招生权，不能在国家规定之外利用国家赋予的管理权利，为自己打开方便之门。

案例1—1

2002年初，北京某职业技术学校在招生广告中称，该校与澳大利亚院校建立了合作办学关系，国内凡具有高中文化程度的学生就读该校国际合作项目，就可获得全澳大利亚38所大学认可的课程文凭。愿意前往澳大利亚深造的，可以出国深造；不愿出国的，在国内学习3年，可以获得国际承认的本科文凭和学士学位。

北京学生小王听信了广告宣传，进入该校学习3年后却被告知，由于澳大利亚方面的原因，其就读的国际文凭(大本)项目班被解散了，学校不再继续提供课程，学生自寻出路。经历了3年寒窗苦的小王最终只能获得国内其他用人单位和正规院校根本不承认的某些课程的写实性证书，他期望获得本科文凭和学士学位的愿望也彻底落空。为此，小王将学校告到法院，请求法院判令学校退还全部学费并作出经济赔偿。

【案情分析】

法院经审理认为，社会力量办学作为教育体制中的一种办学形式，对于传授知识、普及知识具有一定的社会价值，但招生、办学及对外合作项目等工作应符合相关规范，在其对外宣传中应当遵循诚实信用的原则，避免虚假、夸大宣传，减少条件不成熟情况下给对外合作办学带来的不良影响。这所技术学校在2002年初发布的相关简章、广告中关于在该校

学习国际合作项目的学分可置换为澳大利亚相关大学的学分及对应文凭，并被全澳38所大学认可的内容属于夸大宣传，极易误导不具备相关专业知识的学生与家长。这所技术学校在和学生签订合同后，不能兑现合同所作出的承诺，学校应就违约行为承担相应的民事责任。由于小王已在该校进行了一段时间的学习，获得了一定的专业知识，亦实际发生了一定数额的学费、杂费及住宿费等费用，因此法院判令技术学校退还小王部分学费5万元。

（案例来源：常鸣：《念国内大学拿国外文凭?技术学校夸大宣传被判退还学费》www.chinacourt.org，2007—02—12.）

对受教育者进行学籍管理，实施奖励或者处分

学校与受教育者之间是一种教育与被教育、管理与被管理的关系。学校对受教育者的管理，从一定意义上讲也是一种教育。学校有权根据主管部门的学籍管理规定，针对受教育者的层次和类别，制定有关入学与报名注册、纪律与考勤、休学与复学、转学、退学等管理办法，实施具体的管理活动。学校有权根据国家有关学生奖励、处分的规定，结合本校实际，制定具体的奖励与处分办法，并据此对学生实施奖惩管理。规定这一权利，有助于学校加强对受教育者的教育、管理职能，维护教育教学秩序，提高学校教育管理效能。

案例1—2

初三学生王丹平时特别贪玩，人很聪明但却没有将心思用在学业上，学习成绩十分糟糕。班主任赵老师一直担心王丹将来会拉全班的后腿，影响学校的中考升学率。有一次王丹瞒着父母逃学，在一家电子游戏厅玩了一整天。赵老师得知此事后建议学校将王丹开除，主要理由就是王丹这样的差生很可能会影响学校的中考升学率。学校采纳了赵老师的建议，一纸布告将王丹开除学籍。王丹的父母认为学校不能随意开除学生，多次找学校领导要讨个“说法”，有关领导却有意避而不见。

【案情分析】

《义务教育法》第四条规定："凡具有中华人民共和国国籍的适龄儿童、少年，不分性别、民族、家庭财产状况、宗教信仰等，依法享有平等接受义务教育的权利，并履行接受义务教育的义务。"第二十七条规定："对违反学校管理制度的学生，学校应当予以批评教育，不得开除。"《未成年人保护法》第十八条也规定："学校应当尊重未成年学生受教育的权利……不得违反法律和国家规定开除未成年学生。"因此，学校应当关心、爱护学生；对品行有缺点、学习有困难的学生，应当耐心教育、帮助，不得歧视，不得随意开除未成年学生。对于随意开除学生、侵犯学生受教育权的违法行为，未成年人及其监护人有权要求有关主管部门进行查处，或者依法向人民法院提起诉讼。

（案例来源：杨颖秀主编. 教育法学. 中央广播电视大学出版社，2007. 7.）

对受教育者颁发相应的学业证书

学业证书是颁发给受教育者的表明其受教育程度及达到的知识水平和能力水平的凭证，包括学历证书和非学历证书两种，通常与国家的学制系统相联系。学校一经批准成立，便具有依法颁发相应的学业证书的权利。学校有权根据自己的办学宗旨、培养目标和教育教学任务，依据国家有关学业证书的管理规定，对经过考核的受教育者，按其类别，颁发学业证书。

聘任教师及其他职工，实施奖励或者处分

教师是履行教育教学职责的专业人员。《教师法》第十七条第一款规定："教师的聘任应当遵循双方地位平等的原则，由学校和教师签订聘任合同，明确规定双方的权利、义务和责任。"第三十三条第一款规定："教师在教育教学、培养人才、科学研究、教学改革、学校建设、社会服务、勤工俭学等方面成绩优异的，由所在学校予以表

彰、奖励。”根据法律规定，学校有权依法制定本校的教师及其他职工聘任办法，签订和解除聘任合同，从本校的办学条件、办学能力和编制情况出发，自主决定是否聘任、解聘有关教师和其他职工，并有权对教师及其他员工实施包括奖励、处分在内的具体管理活动。

案例1—3

北京某高校青年教师韩某发现其所属教研室主任瞒着她，经所谓的“领导同意”，将她批改的一学生的审计科目毕业考试成绩由不及格改为及格，遂向学校举报。学校经研究认为，“改分是合理的”，理由是“原评分数过严”。随后年终考核时，这位在学生测评中获得85分的教师，被学校以“缺乏敬业精神、不适合当教师”为由，考核评定为“不合格”，同时学校还决定将其解聘，限其3个月内调离学校，并支付服务期未满而终止合同的违约金。随后，学校停发了韩某的工资和奖金，每月只发给273元的最低生活费。韩某对此不服，以学校侵犯其评分权、公正考核权、教育教学权和工资报酬待遇权为由，向主管行政部门提出申诉。受理申诉的行政部门在法定期限内作出了处理，认为“教研室主任改动试卷分数的行为是程序欠妥的职务行为”，“将其考核为不合格依据不足”，责令学校在一个月内对申诉人的申诉事项重新作出处理。

【案情分析】

该校制定的《教职工考核工作暂行办法》中规定了“优秀”、“合格”和“不合格”三个考核等级；并规定“当年考核被确定为不合格等级的，予以书面批评；下一年度考核仍不合格的，予以降职、调整工作、低聘或解聘”。然而，学校在随后作出的重新处理却只是将韩某的考核结果由“不合格”改为“基本合格”，且仍未予以聘用，不聘用的理由由原来的“（考评）不合格”改为“不服从教学安排”。后来，学校又以韩某“在重新处理期间不接受人事处长去培训部应聘的建议”，宣布对其按旷工处理，并决定予以停发工资、停报药费。无奈之下，韩某只好寻求司法救济。后经调解，学校表示，如果韩某愿交6 000元钱，校方便将其档案中“考评等级”一栏上的“不合格”、“基本合格”（复核结果）都改为“合格”，并允许其拿走档案；如果不交钱，也可拿走档案，但校方只能将复核结果改为“合格”。韩某选择了后者，离开了这所让她伤心的学校。

（案例来源：王文鸾：《学校拒聘教师引发的纠纷》，载《中国教师报》，2003-07-02（C2）.）

管理、使用本单位的设施和经费

学校作为法人，依法享有法人财产权，依法管理、使用本单位的设施和经费。《教育法》规定：“学校及其他教育机构中的国有资产属于国家所有。”因此，学校及其他教育机关对其占有的场地、教室、宿舍、教学设备等设施、办学经费以及其他有关财产享有财产管理和使用权，必要时可对其所占有的财产进行处置或获得一定收益。但这项权利在行使时须有一定限制，如有的教育主管部门和学校违法出让学校用地、违法出让学校房屋等，都是对国有财产的侵犯，虽然学校取得了法人地位。但对这些资产也只有占有、管理、使用的权利，而无权处分这些资产，否则会损害公共利益，影响正常教育活动，或造成国有资产流失。同时，学校及其他教育机构对用于教学、科研的资产不得随意转移使用目的，不得用作抵押或为他人担保。

拒绝任何组织和个人对教育教学活动的非法干涉

为了维护学校正常的教育教学秩序，学校有权拒绝和抵制来自校外其他组织和个人的非法干涉行为。如强行占用校舍和场地，随意冲进教室抓人，随意要求学校停课，对学校的乱摊派等。对于这类非法干预教育教学活动的行为，学校可通过教育行政部门会同当地纠风办、纪检、监察等部门予以综合治理，以保证学校健康、良好的

教育教学秩序。

法律、法规规定的其他权利

除上述权利外，学校及其他教育机构还享有现行法律、行政法规以及地方性法规赋予的其他权利。法律的这些规定，有助于进一步完善学校的办学自主权。

学校的上述权利，是为了实现其办学宗旨，独立自主地进行教育教学管理，实施教育教学活动必须具备的资格和能力。它是学校特有的、基本的权利，是学校成为教育法律关系主体的前提。不享有这些权利，就意味着在法律上不享有实施教育教学活动的资格和能力。学校在行使这些权利时，要遵守法律和国家主管机关的规定，并符合国家和社会的公共利益，必须贯彻国家的教育方针。一旦发现学校滥用权利，违背国家法律和有关规定，危害社会公共利益，或者有严重的渎职行为，侵害了受教育者、教职工的合法权益，主管教育行政机关可以按情节轻重予以行政处理，必要时还可以逐项剥夺这些权利，直至勒令停止办学。但是，在实际操作中，也要严格区分行政管理行为和非法干预学校自主办学行为之间的法德界限：前者是有法律依据的行为，其直接结果是提高管理的有效性；后者则是法律所禁止的行为，其结果是对教育事业的损害。教育行政部门对学校既要进行严格管理，又要尊重学校的权利。

学校的基本义务 ／

我国《教育法》第二十九条规定的学校义务有：

遵守法律、法规

遵守法律、法规是法律要求自然人和法人必须履行的基本义务。《宪法》第五条第四款规定：“一切国家机关和武装力量、各政党和各社会团体、各企业事业组织都必须遵守宪法和法律。一切违反宪法和法律的行为，必须予以追究。”学校作为实施教育教学活动，培养人才的事业组织，同样也不例外。这里说的法律、法规，主要是指宪法、国家权力机关制定的法律、国务院制定的行政法规、地方性法规以及根据法律、法规制定的规章。作为义务的履行主体，学校不仅要履行一般社会组织所应承担的法律义务，还应特别履行教育法律、法规、规章中为学校确立的与实施教育教学活动、实现办学宗旨密切相关的特别意义上的义务。

贯彻国家的教育方针，执行国家教育教学标准，保证教育教学质量

教育教学活动是培养人的专门活动，学校在组织实施教育教学活动的过程中，必须贯彻国家的教育方针和教育教学标准，保证教育教学质量。国家的教育方针已经在《教育法》第五条中作了明确规定，国家教育教学标准分散在不同的教育文件中。教育方针是学校培养人的方向，教育教学标准是保证教育教学质量的基本条件和依据。无论是失去方向还是缺少基本标准的教育教学活动，都不能达到培养人的目的。

维护受教育者、教师及其他职工的合法权益

一方面，要求学校自身不得侵犯受教育者、教师及其他职工的合法权益，如不得克扣、拖欠教师工资，不得拒绝符合入学标准的受教育者入学等；另一方面，当其他社会组织和个人侵犯本校学生、教师及其他职工的合法权益时，学校应以合法方式，积极协助有关单位查处违法行为的当事人，维护受教育者、教师及其他职工的合法权益。

案例1—4

小易是某中学高三学生，因其在高二结业时有三门会考成绩没有及格，学校便认为他升学无望，必须分流转学。由于小易没有会考成绩，其他学校不肯接收。无奈之下，小易及其家长找到校领导，恳求让小易继续留在学校。学校则提出可以让小易留校的三个“必

须条件”：三门会考补考须一次通过；必须保证期末考试总成绩达到年级文科排位70名以内；必须写出一书面保证。否则，即视为自愿放弃参加高考的权利。为了能继续上学，小易与其家长只好同意这些条件，并写了一份保证书交给学校。此后，小易争分夺秒、发奋学习，三门会考科目于补考时一次通过。但在期末考试期间，小易因发高烧没有参加数学考试，期末总成绩未进入年级文科前70名之内。学校据此认为小易不符合高考报名要求，于是没有让他参加高考报名照相和计算机编码，也没有发给其高考志愿表。在学校无法报名，小易只能去找街道，但街道只管往届毕业生，最终，小易失去了参加当年高考的机会。

【案情分析】

根据教育部的有关规定，普通高校招生报名条件为：(1) 遵守宪法和法律；(2) 高级中等教育学校毕业生或具有同等学力；(3) 身体健康。凡符合条件的考生都享有报名参加高考的权利，任何人不得以任何理由予以限制或剥夺。不让学生参加高考，事实上剥夺了学生进一步接受教育的机会，直接侵害了学生的受教育权。因而，本案中小易有在自己学籍所在的学校参加高考的权利。

（案例来源：思想《学校，你不应该侵犯学生的受教育权》，《中国教师报》，2003–06–04 (C2).)

以适当方式为受教育者及其监护人了解受教育者的学业成绩及其他有关情况提供便利

学生作为学校教育的对象，对自己的学业成绩及其他有关情况拥有一定知情权，是保证公民平等受教育权和对学生的品行和学业情况进行公正评价的重要前提。学校可通过找学生谈心、设立“家长会”、“家长接待日”、组织教师进行家访等合法、正当的形式，为受教育者及其监护人了解学生的学业情况提供便利条件。学校必须采取合法、正当的方式，保障学生及其监护人的这种监护权，而不得采取“公布学生档案”、

"考试成绩排队"等不适当的方式。学校在行使此项义务时，不得侵犯受教育者的隐私权、名誉权等合法权益。

遵照国家有关规定收取费用并公开收费项目

学校应依据中央和地方各级政府及其有关部门的收费规定，从办学公益性质出发、按照成本分担原则，公平、合理地确定本校收取学费和杂费的标准(其中实施义务教育的学校执行国家标准)，并向家长、社会及时公布收费的项目。我国现行关于学校收费的法规、政策文件的基本精神是，国家举办的实施义务教育的学校，不得收取学费，但可酌情收取杂费；非义务教育的学校可以适当收取学费。中小学的收费项目和标准，一般由省一级教育、物价主管部门根据本地实际具体确定；高等学校以及一部分部属、省属中等专业学校，一般由各中央主管部门或省一级教育、物价主管部门具体确定。幼儿园一般由县、市教育、物价主管部门确定收费标准。《教育法》确立此项义务，使国家现行有关学校及其他教育机构收费的一系列政策、规章具有法律效力。学校应向社会公开收费项目。包括收费的具体名称和标准，必要时还应公开所收费用的账目，以便于家长和广大人民群众给予监督。

案例1—5

东东（化名）是一个聪明好学的孩子，2004年，东东小学毕业前，班主任老师告诉东东父亲，东东被推荐参加东北育才外国语学校组织的"小升初"考试。东东父母考虑再三，决定替儿子报名参加考试。结果，东东顺利地通过考试，父母替儿子交了6万元学费后，却觉得不甘心。他们认为孩子最理想的学校是东北育才学校。2004年8月，东东又参加了东北育才学校的"小升初"考试，并以优异的成绩被东北育才初中部录取。同年8月17日，东东父亲给东北育才外国语学校写了一封信，向学校正式提出退学申请，并请求学校返还之前交纳的6万元学费。9月中旬，校方给了东东父亲一个答复：由于家长存在违约，退学给学校造成了损失，学校只能退还5.5万元学费。"儿子还没开始读书，就发生了减少5000元的学费，这不合理!"他们多次与学校进行交涉。在与校方交涉无果的情况下，2005年6月，东东父母以侵犯财产权为由将东北育才外国语学校告上了法庭。

【案情分析】

沈阳高新区法院开庭审理此案时，被告外国语学校辩称，东东父母属于毁约，东东已经交纳了学费，领取了录取通知书，他和学校之间已形成了合同关系。教育是一个公共服务的平台，作为家长有为孩子退学转学的权利。但从学校的角度来说，东东的退学行为，已经使学校的正常工作受到影响。家长在提出退学时，损害了校方的利益，学校留下5000元作为违约赔偿金并无不当。东东母亲则认为，儿子一天学没上，教育服务费用没有发生，因此儿子提出退学，未给校方带来任何损失。校方扣留5000元的所谓赔偿金，是一种滥收费行为。法院一审后判决外国语学校从扣留的5000元学费中，返还东东2000元。

判决后，东东父母不服，上诉到沈阳市中级人民法院。沈阳市中级人民法院二审后，对此案作出终审判决，东北育才外国语学校从扣留的5000元学费中，退还东东4500元。

(案例来源：《东北育才外国语学校滥收费案件》，中国教育政策信息网，www.enepl.net，2007-03-17.)

依法接受监督

学校对于各级权力机关、行政机关依照法律、法规进行的检查和监督，以及社会各界依法进行的社会监督，应当积极予以配合，不得拒绝，更不得妨碍检查、监督工作的正常进行。学校还应自觉地把教育教学工作和管理活动置于主管部门和社会的监督之下，全面贯彻国家的教育方针。

学校自觉履行其基本义务，对规范自身行为，组织实施好教育教学活动，提高教育质量，实现办学宗旨，具有十分重要的意义。教育行政部门要依法进行行政监督。

对不履行法律、法规规定义务的，要根据《教育法》及其他有关法律、法规的规定，分别予以相应的处理，并采取有效措施，督促学校履行义务。

/ 教师的权利与义务 /

什么是教师权利与义务，分别包括哪些内容？教师权利与义务的关系？如何保障教师权利？

教师的权利 /

所谓教师的权利，是指法律对教师在履行国家教育教学职责时，必须享有的权利，是得到法律的许可和保障的，具有不可侵犯性，《教师法》第七条(共六款)规定，教师享有以下权利：

进行教育教学活动，开展教育教学改革和实验

进行教育教学活动，开展教育教学改革和实验，这是教师最基本权利，任何组织和个人都不得非法剥夺在聘教师从事教育教学活动。开展教育改革和实验这一基本权利，其基本含义包括：教师可依据其所在学校计划，教学工作量等具体要求结合自身的教学特点自主地组织课堂教学；按照教学大纲的要求确定其教学内容和进度，并不断完善教学内容；针对不同的教育对象在教育教学的形式、方法、具体内容等方面进行改革、实验。

进行教育教学活动的权利是针对正在履行聘任合同的教师，只有受聘履行教育教学职责的教师才享有此权，这样才会受到法律的保护，对于被解除聘任或正在等待聘任的教师，不享有此项权利。当然，教师在行使此项权利必须在法律和国家有关规定允许的范围之内。对于教师自主实施的教育教学活动，必须限定在教学大纲要求的范围之内，而且教育教学的改革与实验活动也必须限制在教育行政部门和学校允许的范围之内等。

从事科学研究、学术交流，参加专业的学术团体，在学术活动中充分发表意见

《教师法》第七条第二款规定教师享有“从事科学研究，学术交流，参加专业的学术团体，在学术活动中发表意见的权利”。这是教师作为专业技术人员的一项基本权利。其基本含义是：教师在完成教育教学任务的前提下，有权进行科学研究、技术开发、论文写作、著书立说等；教师有权参加学术交流活动，参加依法成立的学术团体并在其中兼任工作；有权在学术活动中自由地表达观点、开展学术争鸣等。

教师可以自己确定科研课题和科研方法，并有权自己决定是否参加学术团体。教师在学术活动中有权发表自己的观点，并决定是否出版论文著作。但应注意在教育教学活动中，应按教学大纲或教学基本要求进行讲授，不应任意发表与讲授内容无关且有损受教育者身心健康发展的个人看法，而且教师的科研学术活动最好围绕提高学校的教育教学质量进行。教师的这项学术研究权的最终成果就是学术研究成果，当然对于学术成果也有不同的理解，既包括学术期刊上发表的论文或出版专著，也包括在课堂上或学术会议上宣讲自己的学术成果。其研究成果都是我国著作权法或相关法律的保护对象。[1]

指导学生的学习和发展，评定学生的品行和学业成绩

《教师法》第七条第三款规定教师有权“指导学生的学习和发展，评定学生的品

[1] 张丽著. 教育法律问题研究. 法律出版社, 2007年08月第1版.

行和学生成绩。这是与教师在教育教学过程中的主导地位相适应的基本权利。其基本含义是：教师有权根据学生的身心发展状况和特点，有针对性地指导学生的学习，并在学生的特长、就业、升学方面给予指导；教师有权对学生的品德、学习、社会活动、劳动文体活动，师生及同学关系等方面的表现作出公正的评价；教师有权运用正确的指导思想、科学的方式方法，促使学生的个性和能力得到充分发展。

这项权利是对教师教育教学权的确认和保障，即教师作为教育者可以对受教育者的身心发展进行影响和评价，从而实现教育的目的。教师要指导好学生的学习和发展，教师首先要转变传统的教育观念，树立现代教育观、树立正确的学生观、质量观，由应试教育转到素质教育的轨道上来，正确指导学生发展方向，因材施教促进学生健康发展，培养德智体美劳各方面的素质和才能。

按时获取工资报酬，享受国家规定的福利待遇以及寒暑假期的带薪休假

《教师法》第七条第四款规定“教师享有按时获取工资报酬，享受国家规定的福利待遇以及寒暑假的带薪休息”的权利，这是宪法规定的公民享有的劳动权利和劳动者有休息的权利的具体化，其基本含义包括：教师有权要求所在学校及其主管部门根据教育法律、教师聘用合同的规定，按时足额，支付工资报酬；教师有权享受国家规定的福利待遇。工资报酬包括：基础工资，职务工资，课时报酬，奖金及津贴，班主任津贴及其他各种津贴在内的工资收入。福利待遇一般包括医疗、住房、退休等方面享有的待遇和优惠。我国一些地方规定教师待遇方面作出了有益的尝试提供了一定的实际经验。

获取劳动报酬是《劳动法》确认的劳动者应享有的一项基本权利，有关教师工资报酬的话题历来成为社会热议的话题。不少国家也采取了类似方式规定教师的工资待遇，而且对教师待遇规定趋向于超过其他行业具有的同等条件者的工资。虽然我

国也出台相关规定要求提高教师工资，而且确实在近年来教师工资水平获得显著的提高，作为一个渐进的过程我们需要耐心等待。

案例1—6

部分单位用扣奖金等方式阻止职工带薪休假[1]

张某的工龄已达12年，根据规定他可年休假10天。哪知这10天带薪年休假，使张某丧失了5000元的满勤奖。张某单位规定全年出满261天，如满勤可得奖金5000元。结果张某就差休假的10天没达到满勤天数，因而没得到满勤奖。

【案情分析】

该校的规定违法。张某有权向学校所在地的教育行政机关提起申诉。根据国务院发布的《职工带薪年休假条例》第二条规定："机关、团体、企业、事业单位、民办非企业单位、有雇工的个体工商户等单位的职工连续工作一年以上的，享受带薪年休假。单位应当保证职工享受年休假。职工在年休假期间享受与正常工作期间相同的工资收入。"依原劳动部发布的《关于贯彻〈中华人民共和国劳动合同法〉若干问题的意见》第五十三条的规定，工资是指用人单位依据国家有关规定或劳动合同的约定，以货币形式直接支付给本单位劳动者的劳动报酬，一般包括计时工资、计件工资、奖金、津贴和补贴、延长工作时间的工资报酬以及特殊情况下支付的工资等。因此，满勤奖应当属于工资。单位不应因职工依法休带薪年休假而减少职工的工资收入，包括奖金收入。

对学校教育教学、管理工作和教育行政部门的工作提出意见和建议，通过教职工代表大会或者其他形式参与学校的民主管理

《教师法》第七条第五款规定教师"享有对学校教育教学管理工作和教育行政部

[1] http://news.sina.com.cn/c/2010-09-25/094321165152.shtml.

门的工作提出意见和建议，通过教职工代表大会或其他形式参与学校民主管理”，称为“教师的民主管理权”。其基本含义是：教师有对学校和教育行政部门的工作进行批评和建议的权利；教师可以通过教职工代表大会、工会等组织形式及其他适当方式参与学校的民主管理，其中教职工代表大会是教师参与学校民主管理的主要途径和形式。

教师参与学校管理具体包括：第一，听取校长工作报告，讨论学校年度工作计划，发展规划，学校改革方案，教职员工队伍建设等重大问题，并提出意见和建议。第二，讨论通过岗位责任制方案，教职工奖惩管理办法以及其他教职工有关的基本规章制度，由校长颁布施行。第三，讨论并决定教职工的住房分配，教工福利费管理使用原则和办法以及其他有关教职工的集体福利事项。第四，对学校各级干部实行民主监督，对干部进行评议、表扬和批评，必要时向上级教育行政部门建议予以嘉奖，晋升或处分，免职。

教师在参与学校管理时要注意民主集中制原则，同时学校与教育行政部门负责人不得压制教师的批评和意见。

参加进修或者其他方式的培训

《教师法》第七条第六款规定教师享有“参加进修或者其他方式培训的权利”。其基本含义包括：教师有权参加进修和接受其他多种形式的培训，不断更新知识、调整知识结构，以提高自己的思想品德和业务素质，从而保障教育教学的质量；教育行政部门和学校及其他教育机构应当采取多种形式，开辟多种渠道，保证教师进修培训权的行使。

教师的这一权利同时也是政府和学校的义务，政府和学校应采取措施落实教师这一权利。目前我国中小学校教师中还有相当的比例没有达到法定的学历标准，广大农村中小学教师总体素质偏低的问题更为突出。因此这条规定十分必要。各级政府教

育行政部门和学校校长做好教师的进修培训工作，教育行政部门要积极承担这一培训任务。对未达到合格学历的教师，要加强培训，这种培训的目的，主要是为了补足必备的基础知识和能力达到合格学历，这是一种基础性的培训。而对广大具有合格学历的教师来说，重点放在岗位培训和更新知识、提高水平上，即我们说的继续教育。随着科技进步与经济发展，继续教育已成为现代教育体系中的一个重要组成部分，它对于提高广大教师的素质，更好地履行教书育人的职责具有极为重要的意义。科技的迅速发展，使教师必须不断地拓宽知识，提高教育教学能力。作为一个教师来讲要充分利用教育行政部门和学校领导提供的条件认真参加进修，积极参加培训。

案例1—7

教师进修期间学校无故克扣工资[1]

杨某，30岁，1999年师专毕业，在某乡中学任初中物理教师。工作以来，杨某教学能力突出，很快成为学科的骨干教师。2002年，为了提高自己的学历层次，经杨某申请，当地教委和学校批准其到某师范大学进修。杨某十分珍惜这次来之不易的进修机会，在一年的进修期间，不仅成绩优秀，还发表了数篇论文。然而，进修结束后，她才发现学校将她进修期间的工资扣了一半，并告知：进修期间，没有在学校正常工作的，一律扣发一半工资。学校可以扣发参加进修的教师的工资吗?杨某应该怎么办?

【案情分析】

学校无权扣除杨某工资。杨某有权向学校所在地的教育行政部门申诉。《教师法》第七条规定，教师享有参加进修或者其他方式的培训的权利。《中小学教师继续教育规定》第四条规定：“参加继续教育是中小学教师的权利和义务。”第十六条规定：“经教育行政部门和学校批准参加继续教育的中小学教师，学习期间享有国家规定的工资福利待遇。学

[1] http://teacher.eol.cn/jiaoshiweiquan_9522/20110307/t20110307_584750.shtml.

费、差旅费按各地有关规定支付。”根据以上规定，杨某参加进修进行继续教育，是其权利也是其义务。经过教委和学校批准，杨某参加进修，学习期间享有国家规定的工资福利待遇，学校不得扣发其工资，而且还应按当地规定向杨某支付学费和差旅费。对于学校扣发其工资，杨某可向学校所在地教育行政部门申诉，以维护自己的合法权益。

教师的义务 /

教师的义务像教师的权利一样，可以分为两个部分。一是作为公民应承担的义务；二是作为教师应承担的义务。这部分义务与教师的职业特点相联系，是教师特定的义务。这两部分义务既有联系，又有区别，教师作为公民应承担的一部分义务体现在教师特定的义务中，教师的特定义务有一部分是公民义务的具体化、职业化。两者也各有一部分是独立的，互不重复。结合教师的职业特点，教师应承担的义务主要有以下6项：

遵守宪法、法律和职业道德，为人师表

《教师法》第八条第一款规定，教师应“遵守宪法、法律和职业道德，为人师表”。此项义务也是教师所担负的“育人”职责和教师的劳动“示范性”特点对教师提出的基本要求。它要求教师时时、处处、事事严格要求自己言行一致。

“遵纪守法”，教师对学生进行教育，目的是为了把他们培养成为对国家、社会有用的人才，因此必须首先把他们培养成为一个“遵纪守法”的人。为此，教师必须在这方面作出榜样，这要求教师首先要遵守国家法律，做一个守法的好公民。教师是学生最重要的师表，是学生直观的活生生的榜样。在教育教学活动中一个教师表现怎样的思想品德，治学态度，行为习惯，对于可塑性、模仿性很强的青少年学生，起着直接的影响和熏染作用。因此，古今中外的优秀教育家都倡导教师要以身作则，为人师表，以自己的模范

行为来教育和影响学生，这也是教师职业道德的一个显著特点。以身作则，“为人师表”是人民教师完成教育教学任务所必须具有的高尚品德，社会赋予教师的职责是教书育人。教师不仅要“言教”，更重要的是身教。人民教师担负着把我国青少年一代培养成为“有理想，有道德，有文化，有纪律”的社会主义“四有”新人的光荣任务。这就要求广大教师首先为广大青少年作为示范和表率。人民教师是青少年一代精神文明的塑造者，心灵教育的工程师，为了把青少年学生造就成为全面发展的社会主义的建设者和接班人，教师首先要按照党和人民的要求塑造好自己，给青少年作出示范和表率。

贯彻国家的教育方针，遵守规章制度，执行学校的教学计划，履行教师聘约，完成教育教学工作任务

《教师法》第八条第二款规定，教师应贯彻国家的教育方针，遵守规章制度，执行学校的教学计划，履行教师聘约，完成教育教学工作任务。这项义务主要包括以下几个方面：教师作为教育方针的执行者，首要的任务转变传统的教育观念，由应试教育转到提高民族素质的轨道上来，纠正和防止片面追求升学率等不良倾向；实行教师聘任制以后，教师与学校签订聘任合同，教师应当按照聘约的规定完成教育教学任务；遵守规章制度，主要是指关于遵守教育教学的规章制度。悉心备课，认真讲课，仔细检查教学效果，不断提高教学质量。

教育教学工作是教师的本职工作，也是教师的基本义务。教育工作是在教育方针指导下进行的，而教师是教育方针的具体执行者，国家的教育方针最终是在教师的教育教学活动中体现出来。因此，教师必须认真贯彻国家制定的教育方针把握教育的方向，坚持教育为社会主义现代化建设服务，培养德、智、体全面发展的建设者和接班人。

对学生进行宪法所确定的基本原则的教育和爱国主义、民族团结的教育、法制教

育以及思想品德、文化、科学技术教育，组织、带领学生开展有益的社会活动

这项义务可称为对学生进行的思想教育，也是有关教师应当对学生进行政治思想教育，组织学生开展有益的社会活动的义务规范。教师应当结合自己的教学教育业务的特点，把政治思想品德教育贯穿教学工作之中，教师在德育方面的主要内容是：爱国主义教育，四项基本原则教育，集体主义教育，社会主义民主和法制教育，劳动教育，艰苦奋斗教育和道德教育等方面。

这条规定要求教师有计划、有目的、有组织地对学生传授科学文化知识，进行思想政治观点和道德品质的教育。

关心、爱护全体学生，尊重学生人格，促进学生在品德、智力、体质等方面全面发展

《教师法》第八条第四款规定教师应“关心、爱护全体学生，尊重学生人格，促进学生在品德、智力、体质等方面全面发展”。教师应该懂得尽管学生在许多方面是有待成熟的人，但是学生首先是人，然后才是教育的对象。因此，教师必须极大地尊重和信任他们。教师如果把教育学生的权利凌驾于学生的人格之上，必然会把斥责、讽刺、挖苦视为正常教育手段，甚至发展到辱骂，体罚学生的地步。“亲其师”是“信其道”的重要前提，师生关系紧张使学生在“亲师”方面产生反感、困惑，必然会影响教育效果。

案例1—8

只因宣布考试纪律时学生发笑 老师一掌将其耳膜打穿[1]

2003年10月23日下午，绥德县某乡镇中学初二年级英语竞赛中，马某为监考老师。临开考马某强调考场纪律时，考生景某突然发笑。马某随即将该生叫上讲台，问其笑因及名字未果的情况下，马某恼羞成怒在景某的左右脸部大扇耳光。马某发完试卷后又带景某来到

[1] http://news.sina.com.cn/s/2004-09-17/15373696977s.shtml.

其办公室，继续施暴。考试结束后景某感觉病情严重，到榆林市第一医院治疗。住院6天后，景某被家人送往西安交大第二医院治疗。因诊断与榆林第一医院相同，景某又被安排回绥德县一医院住院19天。后经榆林中院法医鉴定为左耳鼓膜外伤性穿孔。2004年8月17日，绥德县法院一审因马某犯故意伤害罪判处有期徒刑1年6个月、缓刑2年；由马某及绥德县中学赔偿景某治疗及各种费用39152.19元。[1]

《教师法》第三十七条规定："教师凡有下列情形之一的，由所在学校、其他教育机构或者教育行政部门给予行政处分或者解聘：(一)故意不完成教育教学任务，给教育教学工作造成损失的；(二)体罚学生，经教育不改的；(三)品行不良，侮辱学生，影响恶劣的。教师有前款第(二)项、第三项所列情形之一，情节严重，构成犯罪的，依法追究刑事责任。"《未成年人保护法》第十五条规定："学校、幼儿园的教职员应当尊重未成年人的人格尊严，不得对未成年学生和儿童实施体罚、变相体罚或者其他辱人格尊严的行为。"《义务教育法》第十六条第二款规定："禁止侮辱、殴打教师，禁止体罚学生。"《民法通则》第一百零一条规定："公民享有生命健康权。"根据此条法律规定和相关法律规定，学生享有不被体罚及变相体罚的权利。

制止有害于学生的行为或者其他侵犯学生合法权益的行为，批评和抵制有害于学生健康成长的现象

《教师法》第八条第五款规定教师有"制止有害于学生的行为或者其他侵犯学生合法权益的行为，批评和抵制有害于学生健康成长的现象"的义务。教师履行本项义务是有特定范围的，教师应当制止有害于学生的行为或者其他侵犯学生合法权益的行为。

[1] http://training.teacher.com.cn/information/center/TeacherTraining/pxxx/zhcfg/211009120102.html

案例1—9

安徽教师不制止损害学生权益行为将受罚[1]

7月15日上午，《安徽省未成年人保护条例》修订立项论证会在团省委召开，会上记者了解到，新的修订草案就近年来未成年人保护中出现的新问题，有针对性地增加或修改了相应条款，未成年人在校权益保护等问题成为有关专家讨论的热点。该《条例》作为我省未成年人保护的重要法律依据，这是实施14年来第一次修订。

【案情分析】

学生权益在校受到保护草案明确：教师法定义务在新的《安徽省未成年人保护条例》修订草案中第六十七条规定，对扰乱学校秩序或者对学生进行拦截、强索财物、侮辱、殴打或其他损害未成年学生合法权益的，学校、教师应当及时劝阻并向公安机关报告，违反本条例规定并造成严重后果的，由教育行政主管部门对学校和教师进行处罚。该规定意义为，学生在校受到侵害时教师有义务及时做出处理，“范跑跑”和“杨不管”的行为很明显与此相违背。

不断提高思想政治觉悟和教育教学业务水平

《教师法》第八条第六款规定教师有“不断提高思想觉悟和教育教学业务水平”的义务。“不断提高思想觉悟和教学水平”这项义务实际上是国家对教师不断提高自身素质的基本要求。目前，我们正处在新旧之交的关键时刻。历史发展到今天，竞争已成为时代的特征，各类竞争的核心是人才的竞争，因而作为培养人才的教师队伍，决定着跨世纪人才的质量，只有高水平的教师，才能培养出高质量的人才。《教师法》是从提高教师素质的迫切性这一角度提出人民教师应有“不断提高思想觉悟和教学水平”的义务。

[1] http://news.sina.com.cn/c/l/2008-07-16/153115943345.shtml

教师权利与义务的关系 /

教师的权利和义务是统一的、不可分割的

没有无权利的义务，也没有无义务的权利，权利和义务的统一有两种含义，一是法律关系一方面权利和义务的统一；二是法律关系双方权利和义务的统一。法律在赋予法律关系主体权利的同时，必须要规定其应履行的义务。这种权利和义务是相应的，无此轻彼重或此重彼轻之分。在执法进程中，教师既应享有自己的权利，又必须认真履行自己的义务。法律在赋予法律关系一方权利时，实际上也同时规定了另一方义务；反之亦然。例如《教师法》第七条规定："教师有进行教育教学活动，开展教育教学改革和实验"的权利。与此同时，《教师法》第九条就相应规定了各级人民政府、教育行政部门及有关部门，学校和其他教育机构的义务，既"提供符合国家安全标准的教学教育设施和设备"，"提供必需的图书，资料及其他教育教学用品"。

在不同场合下，教师的权利和义务是互相交叉的，并可以相互转化

权利和义务不是绝对的，有时权利也是义务。例如《教师法》规定，教师有"指导学生学习和发展，评定学生的品行和学业成绩"的权利。这一项权利，实际上也是教师的义务。教师如果没有认真地指导学生的学习和发展，没有认真地评定学生的品行和学业成绩，则说明他没有很好地履行自己的法律义务，就是他的失职。又如《教师法》规定，教师有"不断提高思想政治觉悟和教育教学水平的义务，这实际上也是教师权利。只不过以义务的形式出现罢了。应该说，这是对教师提出更高的要求，对于改变目前我国教师队伍整体素质不高的状况更具有针对性。如果哪一个组织或个人妨碍教师接受进修和培训，那么教师就可以依据《教师法》第二条第六款，要求对自己合法权益予以保障。

法律保障

教师既是普通公民，又是从事教育教学工作的专业人员，为了保护教师的合法权益，《教师法》第三十五条至第三十八条规定，侵犯教师合法权益的，应承担下列法律责任：

1. 侮辱、殴打教师的，根据不同情况，分别给予行政处分或者行政处罚；造成损害的，责令赔偿损失；情节严重，构成犯罪的，依法追究刑事责任。

案例1—10

福州台江上海派出所迅速办结殴打教师案维护教师权益[1]

在贯彻落实校园“八条措施”中，福州台江上海派出所领导对侵害师生合法权益的案件高度重视，指派专人负责，快审快结，受到辖区学校广大师生的欢迎。3日下午5时许，福州台江上海派出所接群众报案称：福州第十五中学分校校内某老师被殴打。所里组织民警朱建忠、林时兴迅速赶到现场将犯罪嫌疑人带回所里。经查，当日下午5时许，徐某因其子在校内与同学打架致伤问题与郑老师发生争吵，并用折椅砸向郑老师，致郑老师头部、手部受伤，经法医鉴定为轻微伤。目前徐某被行政拘留。

【案情分析】

对于侵犯教师权益的组织或个人，应受到法律的制裁。上述案例中某教师因为教育学生而引发学生家长对其使用暴力，最终导致教师局部受伤。很显然，学生家长徐某的行为已触犯相关法律，依法应该给予处分。

[1] http：//www. fzga. gov. on/detail. asp?id=10936 2006—11—20.

2. 对依法提出申诉、控告、检举的教师进行打击报复的，由其所在单位或者上级机关责令改正；情节严重的，可以根据具体情况给予行政处分。国家工作人员对教师打击报复构成犯罪的，依照刑法第一百四十六条的规定追究刑事责任。

3. 地方人民政府对违反本法规定，拖欠教师工资或者侵犯教师其他合法权益的行为，应当责令其限期改正。

4. 违反国家财政制度、财务制度、挪用国家财政用于教育的经费，严重妨碍教育教学工作，拖欠教师工资，损害教师合法权益的，由上级机关责令限期归还被挪用的经费，并对直接责任人员给予行政处分；情节严重，构成犯罪的，依法追究刑事责任。

社会保障

为保障教师更好地行使权利与履行义务，各级人民政府、教育行政部门、有关部门、学校和其他教育机构应当履行下列职责：

1. 提供符合国家安全标准的教育教学设施和设备，提供必要的图书、资料及其他教育教学用品。教育教学设施和设备是教育教学活动的物质基础，没有这个物质条件，不仅保证不了教育教学质量，而且教育教学活动也难以实行。因此，各级政府有责任为老师提供符合国家安全标准的教学设施，首先是合格的校舍。除此之外，还有教学必需的实验仪器、文体器材等。

2. 对教师在教育教学、科学研究中的创造性工作给予鼓励和帮助。各级人民政府、学校及有关部门除了支持鼓励教师开展教育教学改革和实验活动，为他们创造条件提供方便外，还应组织教师开展教育科学研究，鼓励教师总结经验，著书立说。尤其是基础教育，它是我国当代教育改革与发展的重点，在教育科学研究上应努力为这一重点服务。如中小学道德教育和劳动教育的研究就应列入教师的教育科研计划。还有教材教法、课程的改革是提高中小学教学质量的中心环节，应当鼓励教师开展这方面的研究。

3. 支持教师制止有害于学生的行为或者其他侵犯学生合法权益的行为。对青少年教育绝不仅仅是学校的事，整个社会都有责任，特别是各级人民政府及有关部门，要努力使学校、社会、家庭连为一体，协调一致，优化社会环境，形成教育合力，实现社会化的综合教育，共同做好青少年的教育工作。

制度保障

1. 完善教师申诉制度

教师申诉制度是一项法定的申诉制度，不同于一般的申诉制度，教师申诉制度的法定性，使教师申诉程序有了法律的确定性和严肃性。各级人民政府及有关部门必须依法在规定期限内作出处理决定，保障教师合法权益的落实，学校和其他教育机构、有关部门对上级行政机关作出的处理决定必须认真执行。违反申诉制度的规定，即构成违法行为应承担相应的法律责任。

根据《教师法》的规定，教师在以下情形可以提起申诉：第一，教师对学校或其他教育机构侵犯其合法权益的，可以向教育行政部门提出申诉。这里的合法权益包括《教师法》规定的教师在从事教学活动中的一切权利，如：科学研究与学术交流、指导学生与评定学生，获取报酬与民主管理等。第二，教师对学校或其他教育机构的处理不服的，可以向教育行政部门提出申诉。教育行政部门应当在接到以上两种申诉30日内，作出处理。第三，教师认为当地人民政府有关行政部门侵犯其根据《教师法》规定享有的权利的，可以向同级人民政府或者上一级人民政府有关部门提出申诉。

2. 完善教师工资管理体制

教师有权利追求和维护自己的报酬和待遇，法律应该保护教师获取报酬待遇权。教师工资一直都是社会热议的话题，从拖欠教师工资到绩效工资制度的实行，这

体现国家在教师工资管理制度上的一个较大转变。

比如，以农村教师为例，各省份相继实行“在国务院领导下，由地方负责、分级管理、以县为主”的体制，由县按照国家统一规定的工资项目和标准，统一发放农村中小学教职工工资。这样教师工资拖欠问题有了明显改善，保障教师工资发放的监督机制进一步健全，并建立了教师工资发放的监管机构。

3. 建立和健全执法监督机制

教师的权利必须借助法律的保障作用才能实现。在保障教师权利的过程中，是否做到“有法必依，执法必严，违法必究”，还必须有一个监督的环节。法律监督一般有广义和狭义两种含义。狭义的法律监督，是指“由有关国家机关依照法定权限和法定程序，对立法、司法和执法活动的合法性所进行的监察和监督。”广义的法律监督，是指“所有的国家机关、社会组织和公民对各种法律活动的合法性所进行的监察、督促和督导。”在当前的法律监督中，包括立法监督、司法监督和执法监督。随着立法制度和司法制度的逐步完善，执法监督显得越来越重要。

所谓教师权利保障的执法监督，是指所有国家机关、社会组织和公民依照有关法律法规，对教师管理过程中执法的合法性所进行监察和监督，这是一种专项执法监督。对各级教育行政部门执行《教师法》的情况要进行经常性的工作检查和监督。各级教育督导对学校实施《教师法》的状况，也要进行经常性督察。

/ 学生的权利和义务 /

权利和义务作为一对相生相伴的法律关系总是由一定的主体来承担，学生作为一个特殊的主体有它自身的性质和特点，因此其权利和义务有些地方不同于教师和学校的权利义务。学生是以学习为主要任务的社会群体，实质上是公民在学校或其他教育机构学习时一种身份的特殊表现形式。也就是说学生的身份有着双重性，作为公民的是其基本的身份，然后作为学生是其在校或其他教育机构的重要身份的标志。需要澄清一点的是，我们这里指的学生主要是指在校的未成年学生，即年满14周岁但未满18周岁的国家公民。学生的权利和义务是公民给予其学生身份的确认而产生的，其作为公民所具有的权利义务是由国家制定的一些法律来规定的，比如《未成年人保护法》等；而以学生身份产生的权利和义务主要是由教育法律来做的相应规定，比如《教育法》中将学生身份的公民统一称为“受教育者”（第五章）。所以，在《教育法》（主要是第四十二条和四十三条）中规定的受教育者的权利和义务其实就是学生的基本权利和义务。

随着现代法学的发展，对权利和义务这对概念的理解不断加深、完善。现在我们一般不把权利简单看成某种特定利益，而应从不同角度不同层面来有针对性地去理解。虽然权利广义上是指主体自由决定是否采取行动获取某种利益的资格，其实，我们讲的权利作为一个抽象的资格，只有当它具有的特定的指向对象才能赋予它实际性的意义。相应的，我们所说的义务，一般理解上主体要承担相应责任。作为权利的对立面，义务也应被当作一种资格来理解。它的主要目的是为了满足权利主体利益实现，同样的主体具有被要求作为或不作为的某种行为资格。权利与义务在同为一种资格上不同之处是，权利主体有自己选择可做可不做的自由，而义务主体一旦被要求就必须履行。举个简单例子：公民有受教育的权力，但义务教育阶段的受教育权也是一种义务，就是说在国家规定的义务教育阶段必须让适龄儿童去学校接受正规教育，不论是家庭贫困或是儿童自身不想去还是学校方面的什么因素使得这一义务没有按法律规定被履行，相关责任人就要负相应的法律责任。

学生的权利和义务主要包括：学生作为公民的某些权利和义务（主要是指公民在受教育过程中相关的权利义务）；学生作为未成年人的权利和义务；学生这一身份本身的权利和义务（主要是指在学校的直接和间接权利义务两种）。

学生作为公民的权利和义务 /

学生是公民的一种特殊身份，其权利和义务以公民的受教育权为基础，因此公民的一些相应权利义务也就是学生应履行的权利和义务。我国根本大法《宪法》第二章对公民的基本权利和义务做了详细规定。除了法律面前人人平等、享受权利必须履行义务、选举权被选举权、宗教信仰自由等基本权利外，第四十六条中明确规定：中华人民共和国公民有受教育的权利和义务。国家培养青年、少年、儿童在品德、智力、体质等方面全面发展。因此，学生同样具有这样的基本权利和义务。受教育权包括两个基本要素：一是公民均有上学接受教育的权利；二是国家提供教育设施，培养教师，为公民受教育创造必要机会和物质条件。如某一个人没有受教育的机会，无法上学，他就丧失了受教育权；如果缺乏教育的物质保障或法律保障，公民的受教育权也可能落空。

学生作为公民的权利

1. 教育教学计划安排的各种活动，使用教学设施、设备。

2. 按照国家规定获得奖学金、助学金、贷学金等。

3. 在学业成绩和品行上获得公平评价，完成规定的学业后获得相应的学业证书、学位证书。

4. 对学校给予的处分不服向有关部门提出申诉，对学校、教师侵犯其人身权、财产权等合法权益，提出申诉或者依法提起诉讼。

5. 法律、法规规定的其他权利。

案例1—11

齐玉苓与被告人之一陈晓琪都是山东省滕州市第八中学学生。在1990年的中专考试中，齐玉苓被山东省济宁市商业学校录取，陈晓琪预考被淘汰，但在陈父原村党支部书记陈克政的一手策划下，从滕州市八中领取了济宁市商业学校给齐玉苓的录取通知书，冒名顶替入学就读，毕业后分配到中国银行山东省滕州支行工作。1999年1月29日，得知真相的齐玉苓以侵害其姓名权和受教育权为由，将陈晓琪、济宁市商业学校、滕州市第八中学和滕州市教委告上法庭，要求停止侵害、赔礼道歉并赔偿经济损失16万元和精神损失费40万元。2001年8月13日，最高人民法院认定"陈晓琪等以侵犯姓名权的手段，侵犯了齐玉苓依据宪法规定所享有的受教育的基本权利，并造成了具体的损害后果，应承担相应的民事责任。"2001年8月24日，山东省人民高级法院根据最高院批复作出二审判决：陈晓琪停止对齐玉苓姓名权的侵害；齐玉苓因受教育权被侵犯而获得经济损失赔偿48045元及精神损失赔偿5万元。

【案情分析】

上述案例不难看出公民权利义务的对等实现，法律面前人人平等，受教育权也不例外。陈某的父亲利用职权之便策划自己女儿冒名顶替齐某，并读完大学。齐某得知真相利用法律武器保护自己，以侵犯姓名和受教育权将陈某二人告上法庭，最终保护了自己公民的合法权益，获得相应赔偿。

（案例出处：http://baike.baidu.com/view/82117.htm 2012—7—25）

学生作为公民的义务

按时间顺序，学生的第一身份首先是公民，在享受国家赋予的公民权利的同时，也应该履行相应的公民义务。公民的基本义务是国家对公民最重要、最基本的法律要求，是公民必须履行的最低限度、也是最主要的责任。

基本义务包括：

1. 维护国家统一和全国各民族团结

这是我国公民必须履行的基本义务之一。国家的统一和全国各民族的团结，是建

设有中国特色社会主义事业取得胜利的基本保证，也是实现公民基本权利的保证。全体公民必须自觉履行这一义务，坚决反对任何分裂国家和破坏民族团结的行为。

2. 遵守宪法和法律，遵守社会公德

我国宪法和法律是工人阶级领导的广大人民群众共同意志和利益的集中体现和反映，遵守宪法和法律就是尊重人民的意志，维护人民的利益；尊重社会公德，是社会主义精神文明的重要内容，是维护社会安定团结的需要。所以，每个公民都应自觉遵守宪法、法律和社会公德，与一切违反宪法和法律、破坏社会公德的行为作斗争。

3. 维护祖国安全、荣誉和利益

这是保障社会主义现代化建设和改革开放顺利进行的需要，任何公民不得为一己私利或小集团的利益而有损国家的安全、荣誉和利益。如果危害国家安全，给国家利益造成损害，要依法追究其刑事责任。

4. 保卫祖国，抵抗侵略，依法服兵役和参加民兵组织

保卫祖国，抵抗侵略是每一个公民应尽的职责，也是维护国家独立和安全的需要，是保卫社会主义现代化建设、保卫人民的幸福生活的需要。所以，每一个公民都必须自觉地依法履行这一光荣义务和神圣职责。

5. 依法纳税

税收是国家财政收入的重要来源之一。它是“取之于民，用之于民”。公民依法纳税，对于增加国家财政收入，保证国家经济建设资金的需要，改善和提高人民生活都具有重要意义。每个公民应自觉遵守和执行国家税收法规和政策，与偷税、漏税、抗税的违法行为作斗争，以维护国家的利益。

学生作为未成年人的权利和义务 /

未成年人是指未满18周岁的公民，学生这个权利与义务的主体势必会经历未成年

的这个成长阶段，鉴于这个群体的特殊性，我们国家颁布了相应的法律法规对其权利义务做了详细的规定，以保护未成年这个群体的合法权益及其健康成长。主要法律有《中华人民共和国未成年人保护法》《预防未成年人犯罪法》以及《中华人民共和国义务教育法》也对此做了相应规定。

下面简单总结一下《未成年人保护法》中规定的相关权利义务。

自1991年9月4日第七届全国人民代表大会常务委员会第二十一次会议通过直到2006年12月29日第十届全国人民代表大会常务委员会第二十五次会议修订，这个法律可以说是未成年人合法权益的一顶保护伞。第二章到第五章分别从家庭保护、学校保护、社会保护以及司法保护等四个方面阐述了各自在未成年人成长、生活、学习以及各方面的责任。

其中第一章　总则　第三条这样规定：未成年人享有生存权、发展权、受保护权、参与权等权利，国家根据未成年人身心发展特点给予特殊、优先保护，保障未成年人的合法权益不受侵犯；未成年人享有受教育权，国家、社会、学校和家庭尊重和保障未成年人的受教育权；未成年人不分性别、民族、种族、家庭财产状况、宗教信仰等，依法平等地享有权利。第二章　家庭保护　第十二条和十三条在未成年人受教育权上这样规定：第十二条　父母或者其他监护人应当学习家庭教育知识，正确履行监护职责，抚养教育未成年人。有关国家机关和社会组织应当为未成年人的父母或者其他监护人提供家庭教育指导。第十三条　父母或者其他监护人应当尊重未成年人受教育的权利，必须使适龄未成年人依法入学接受并完成义务教育，不得使接受义务教育的未成年人辍学。第三章　学校保护　第十七条　学校应当全面贯彻国家的教育方针，实施素质教育，提高教育质量，注重培养未成年学生独立思考能力、创新能力和实践能力，促进未成年学生全面发展。第十八条　学校应当尊重未成年学生受教育的权利，关心、爱护学生，对品行有缺点、学习有困难的学生，应当耐心教育、帮助，不得歧视，不

得违反法律和国家规定开除未成年学生。第四章 社会保护第二十七条 全社会应当树立尊重、保护、教育未成年人的良好风尚，关心、爱护未成年人。第二十八条 各级人民政府应当保障未成年人受教育的权利，并采取措施保障家庭经济困难的、残疾的和流动人口中的未成年人等接受义务教育。第三十三条 国家采取措施，预防未成年人沉迷网络。第四十九条 未成年人的合法权益受到侵害的，被侵害人及其监护人或者其他组织和个人有权向有关部门投诉，有关部门应当依法及时处理。

这里主要将与学生受教育权的几点列出，家庭作为学生的第一人生课堂，重要作用不言而喻，家庭的教育、家长的教育理念以及方式方法、家长与学校的配合程度，直接影响了学校教育的效果和学生的健康成长。而学校作为未成年人的主要学习场所，承担着在保护其安全基础上也要保障其能正常接受教育的义务。社会作为一个大环境在未成年人的成长、学习中起着不可低估的作用。未成年人这一特殊群体因处于比较敏感的青春期，身体和心理等方面都还发育不成熟，比较容易受到外界的影响，加上模仿能力较强。尤其对一些消极的不良的影响抵抗能力比较低。因此学校和家长在进行相应教育的同时，社会也要积极配合。

未成年人享有的基本权利

1. 人身权

人身权是指与人身不可分离而又没有直接经济内容的权利，包括身份权和人格权。

(1) 身份权包括著作权、荣誉权、亲权、监护权、发明权、发现权、专利权、继承权等。未成年人在生活和学习过程中，可能会受到某些表彰与奖励等，有的有发明创造，这些权利他人都不能非法侵犯。

(2) 人格权包括姓名权、肖像权、隐私权等。未成年人也像成年人一样，具有情感和人格尊严，所以也受到法律保护。由于其处于弱势地位，更应予以特别保护。在学校里，严禁教师对未成年学生在言语上和人身上进行侮辱，不能叫学生绰号，不能私自扣拆学生信件，如果违反了造成不良后果的要承担相应的责任。后果轻微的受到道德谴责和法律的处分，后果严重的则要承担民事责任及刑事责任。

2. 生命健康权

生命健康权是指公民对于自己所享有的生命安全、身体健康及其机能健全所不可侵犯的权利。它是生命权、身体权、健康权、自由权的总称。在家庭中，父母（监护人）不能殴打孩子。在学校，教师不能体罚学生或变相体罚学生。在社会上，他人不得侵犯未成年人的人身。

有的家长因受到重男轻女封建思想的影响，不想生女孩，往往有溺弃女婴的行为，有的小孩出生后可能有先天性残疾，也遭到生身父母的遗弃。这些均是法律所严禁的。

3. 受抚养权

未成年人出生后到成年或独立生活前，父母或其他监护人有义务对其予以抚养，不能弃之不管，否则就构成遗弃行为，受刑法的追究。如果法定监护人已经没有了的，政府有义务对其进行收养，由民政部门负责解决。

4. 财产权

未成年人在一般情况下，没有个人财产，但有些未成年人也可能拥有财产，例如有的青少年有发明专利，有的因继承财产或接受他人赠予财产而成为财产所有权的主体。对未成年人这类财产权，法律上也予以保护。未成年人的财产虽然是由监护人管理，但监护人也不能非法侵吞或不合理使用未成年人的财产。

5. 受教育权

我国的《义务教育法》规定，公民依法享有九年义务教育的权利（从小学到初

中)，任何单位和个人不得剥夺未成年人这一权利。对家长（监护人）来说，送子女去读书，读到初中毕业，这是法定义务，违反这个规定就构成违法，应承担法律责任。未成年人自己可以拿起法律武器进行维权，其他公民有权帮助控告，国家也有权干预。[1]

未成年人有依法接受规定年限义务教育的权利，有权要求学校开足、开齐国家规定的各类课程，有权要求学校采取措施保证教学质量，学校或教师不得以任何理由限制学生上课，如有学校对违纪学生处以停课的处罚，实际上是侵害了学生的受教育权。

案例1—12

燕赵都市报曾刊登过这样一则新闻：某县的中学在中考之际为了保证本校的升学质量，提前几个星期就开始了“劝退动员大会”，主要就是校长下发命令，对老师们实行中考按人头奖励制度，即这个班考上国家和省级重点高中的学生，按名额奖励老师1000—5000元不等，如果是考上普通高中不奖不罚；若是连普通高中或三流中学分数线都不够的学生，则要按人头来对教师进行惩罚，主要是扣奖金，具体金额不一。

【案情分析】

老师在校长以及自己追逐奖金的利益驱动下，便开始对班里拖后腿的学生进行“思想工作”，还美其名曰，是为了学生的前途着想，在学校耗着也是耗着，还不如早些去中专或一些技术类的学校学些实用的养家本领。于是，在中考之际，往往会出现大批被劝退的学生，最终学校的中考通过率重点高中高达80%，其实是带有很大程度的水分的。像这样的学校，这样的校长和老师可曾真正为学生着想过，只看到自己的利益，却忘记了学校。

（案例来源：河北燕赵都市报 2001年）

[1] 《未成年人有哪些基本权利》http://hdmoral.bjedu.cn/news_show.asp?wt_id=1159.

未成年人应履行的义务

1. 维护国家统一和民族团结的义务。

2. 遵守宪法和法律。保守国家秘密。爱护公共财产、遵守劳动纪律、遵守公共秩序、尊重社会公德的义务。

3. 维护国家安全、荣誉和利益的义务。

4. 保卫祖国、依法服兵役的义务。

依法纳税的义务。未成年人作为中华人民共和国公民的一部分，与其他公民一样，也具有依法纳税的义务。[1]

学生作为受教育者的权利和义务

宏观上的权利和义务

1. 学生作为受教育者的权利

(1) 参加教育教学计划安排的各种活动，使用教育教学设施、设备、图书资料。本项涉及的是学生参加教育教学活动和使用教学资源权利的事项。高等学校的学生通过国家组织的考试，按照一定标准和程序被学校录取，在履行了缴纳学费及有关费用等义务之后，理应享有参加学校教育教学计划安排的各项活动的权利和使用教学资源的权利。所谓教育教学计划安排的活动，主要包括纳入学校教育教学计划的选课、上课、考试、实验、实习、毕业论文(设计)与答辩，讲座以及其他课外活动；所谓教育教学资源，主要包括教室、实验室、图书馆、资料室(电子阅览室)，体育场馆以及其他有关的教育教学设备和设施。参加上述活动和使用上述资源，是学生成为符合社

[1] 《未成年人的权利和义务》[EB/OC]. http://wenku.baidu.com/view/c8e8afccda38376baf1fae8c.html

会需要人才的必要条件，因此，应当成为学生的一项基本权利（《教育法》第四十二条）。

(2) 按照国家有关规定获得奖学金、贷学金、助学金

这项规定是对学生获得奖励以及物质帮助方面的规定。奖学金制度实质上是对学生的鼓励措施，通过实施奖学金制度，激励学生发奋学习，学成后主动到祖国最需要和最艰苦的地方去建功立业。《高等教育法》第五十五条规定，“国家设立奖学金，并鼓励高等学校、企业事业组织、社会团体以及其他社会组织和个人按照国家有关规定设立各种形式的奖学金，对品学兼优的学生、国家规定的专业的学生以及到国家规定的地区工作的学生给予奖励。”助学金是高等学校学生勤工助学经费的简称。勤工助学经费的使用原则是“有劳有酬”，由学校提供校内勤工助学岗位，在优先安排家庭经济困难学生的前提下，供全体学生选择，并根据学生所付出的劳动，给予相应的报酬。助学贷款是国家为了帮助家庭经济困难的学生完成学业而采取的一项保障性措施。助学贷款与奖学金不同的是，奖学金是无偿发放给学生的，而助学贷款则是有偿使用，但其仍属于学生资助的一种方式。学生助学贷款的实施具有多重意义：对于国家和学校来讲，助学贷款有利于实现高等教育的教育公平，“成本分担”和教育成本的部分回收；从学生来看，有利于帮助家庭经济困难的学生完成学业，不至于因家庭经济问题而辍学，从而享受平等接受高等教育的权利。

(3) 参加社会服务、勤工助学，在校内组织、参加学生团体及文娱体育等活动

本项是关于学生参加课外活动权利的规定。社会服务是学生以自己的知识和才能服务于社会的一项活动。大学生是掌握一定知识，具备一定素质的青年群体，有能力运用所学知识服务于社会。在社会服务中，一方面为社会创造财富或提供劳务，另一方面可以加强实践环节，接触、了解社会，丰富自身的社会经验，掌握学校所不能提供的知识或信息。

学生的文娱体育等活动是校园文化的重要组成部分，也是学生娱乐身心、培养情趣和锻炼身体、增强体质的重要途径。学生可以在课余通过各种方式组织各类文体活动，学校有责任为学生开展正常的文体活动提供必要的条件。

(4) 在学业成绩和品行上获得公正评价，完成规定的学业后获得相应的学业证书、学位证书

本项是对学生通过学习获得公正评价和相应证书权利的规定。不论是小学、初中还是高中甚至大学学历，在毕业后都会获得相应的毕业证书或学历证书，以此证明该学生的学历水平。学校应当本着对学生认真负责的态度，按照统一的标准和条件，依据学生的实际能力及其表现，对其思想品德、学业成绩等作出恰如其分的评价，不受民族、出身、性别以及与评价者远近亲疏等因素的影响。能否在对学生的评价中作到客观公正，关系到能否调动学生的积极性，关系到学生之间是否团结，并最终关系到能否维护学生的正当权益。因此，学生有权要求学校对自己的能力和实际表现作出公正评价。

学历证书是实施学历教育的学校和承担研究生教育的科研单位，对完成学制系统内某一教育阶段学习任务的受教育者所颁发的文凭，或者说，它是以上教育机构颁发给学生的受教育程度的凭证。普通高等教育学历证书分为毕业、结业和肄业三种。凡在学校规定的修业年限内完成教育教学计划规定的内容并达到毕业要求，且德、体合格的学生，准予毕业，发给毕业证书；凡完成教育教学计划规定的内容，但未达到毕业要求的学生，准予结业，发给结业证书；凡学满一年以上但未完成教育教学计划规定内容停止学业的学生，发给肄业证书。学位证书是国家以一定学术水平为标准，颁发给受教育者的反映其专业知识能力和学术水平的凭证。根据现行学位条例的规定，我国学位分为学士、硕士、博士三级。

(5) 对学校给予的处分不服向有关部门提出申诉，对学校、教师侵犯其人身权、

财产权等合法权益，提出申诉或者依法提起诉讼

这是关于学生获得救济权利的规定。

第一是申诉权。主要包括两项内容。一是申诉的事由，二是申诉受理的组织。申诉事由有两类，即处分与处理。处分属于学生行为的调控机制，它与奖励结合在一起对学生的行为发挥着重要的调控作用。处分一般因学生违法、违规、违纪而引起，例如偷窃、打架、赌博、损坏公私财物、破坏公共秩序、考试作弊等。处理的外延要宽于处分。处分一般针对违法、违规、违纪行为，而处理的对象不一定都是违法、违规、违纪行为。学校对学生的处理行为，范围广泛而且复杂，不可能也没有必要将学校的所有处理行为都纳入申诉的范畴。一般来讲，纳入申诉范畴的处理行为应当是与学生权利义务有关的行为，例如取消入学资格、退学、休学、复学、评选奖学金和三好学生、免试推荐研究生、颁发学历证书和学位证书等。学校的以上处分和处理行为，都涉及学生的权利义务，从权利本位出发，国家和学校在制定学生管理规定时，应当为学生提供维护权利的救济机制。如果学生对学校的处分或处理持有异议，可以向有关部门提出申诉。通过学生的申诉，可以监督学校的处分或处理行为，是否事实清楚、程序正当、依据明确、定性准确、处理适当。关于学生的申诉，有两类组织负责受理，一是提出申诉的学生所在学校，二是学校所在地的省级教育行政部门。学生申诉，应当先向所在学校提出，对学校的复查决定有异议，再向学校所在地的省级教育行政部门申诉。

第二是起诉权、学生对学校、教职员工侵犯其人身权、财产权等民事权益的行为，可以提出申诉，也可以依法直接向法院提起诉讼。

(6) 法律、法规规定的其他权利。

2. 受教育者应当履行下列义务

(1) 遵守法律、法规

作为学生，他首先是社会成员，因而同所有公民一样，必须履行遵守国家法律、法规的义务。同时，作为受教育者，还必须履行遵守教育法律、法规的义务。

（2）遵守学生行为规范，尊敬师长，养成良好的思想品德和行为习惯

这是指遵守教育部颁发的《小学生日常行为规范》、《中学生日常行为规范》、《高等学校学生行为准则》。这三部规章制度，集中体现了国家对学生在政治、思想、品德等方面的基本要求。为此，学生应积极努力，自觉提高自身素质，养成良好的政治素质、道德品质、行为品质和心理素质。

（3）努力学习，完成规定的学习任务

这是学生特定义务。作为学生，要完成学校规定的学习任务，要充分发挥学习的主动性和积极性，刻苦学习，牢固掌握所学知识，成为社会主义现代化建设的有用人才。

（4）遵守所在学校或者其他教育机构的管理制度

这条义务是第一条义务的具体表现和延伸。学校或其他教育机构依照法律法规设立的管理制度，是建立正常的、规范的教育秩序所不可缺少的措施，学生有义务遵守学校的一切规章制度，成为自觉遵守学校规章制度的好学生（《教育法》第四十三条）。

微观上的权利义务

上述《教育法》虽然对学生的权利义务做了规定，但毕竟是大面上的宏观上的概括。微观上的权利义务主要是结合了相应的教育法律法规以及未成年人保护法等，加上考虑学生的身心以及认知特点，将其又细化到在学校的权利义务和在课堂上的权利义务。[1]

1．在学校内的权利义务

权利：

（1）参加权：学生有参加课程计划内的各种课堂学习、社会实践活动、技能训

[1] 《学生权利和义务的细化思考》[EB/OC]. http://csz123. blog. edu. cn/2009/282875. html

练、规范化考试或考核的权利；学生有参与和自己能力相适应的各种学校、班级管理活动，学生社团活动权利；条件具备时有依法参加党、团、队权利。

(2) 使用权：学生有根据课堂学习、校园生活、社会实践需要，使用学校校舍、各种设备、设施、图书资料和校园场地的权利。

(3) 获得权：学生完成学籍管理、课程计划或者学科学习要求，有获得学校或教师公正的评价、奖励、学业证书权利。

(4) 选择权：学生有根据自己实际需要和条件，在规定范围内选择学习内容、学习方法、学习安排、学习条件权利，选择适当就餐方式，住宿方式，课外活动方式和内容的权利。

(5) 知情权：学生有知道对自己评价、奖励或处分原因、依据的权利，知道自己所交纳的费用使用情况，知道班级管理、财务情况的权利。

(6) 见解权：学生有根据自己认识在课堂或者其他学校、班级管理和各种有益活动中发表自己见解，保留自己见解或者发表评论的权利。

(7) 评价权：学生有根据自己认识水平，有依据地评价学校工作，或教师教育特别是教学工作，其他管理人员工作、学习或者活动成效权利。

(8) 受助权：学生有根据自己困难或需要，依法接受学校或教师、他人帮助，特别是对自己学习、经济和生活困难帮助的权利。

(9) 发展权：学生在完成学校规定的基本课程计划学习任务条件下，有根据自己的兴趣、爱好，发展自己特长的权利。

(10) 受保护权：学生自己身心健康特别是生命，私人财物、信息、个人隐私特别是学业成绩有受到学校或教师、他人保护权利。

(11) 请求权：学生根据课程计划安排和自己学习或者技能训练的需要，有请求学校提供必要而良好学习条件权利；当学生合法权利受到非法侵犯时，有请求学校、教师或他人依法保护权利。

(12) 休息权：学生依法享有充足睡眠，课间或者课外休息的权利，学生享有国家法定假日休息，有条件的春秋旅游权利。

(13) 反映权：学生对学校、班级、教师的教育特别是教学或者管理工作有反映自己建议、意见的权利。

(14) 维护权：学生有维护自己人格尊严特别是名誉权、肖像权、姓名权、自由权不受侵犯的权利。

(15) 选举和被选举权：在学校或者班级学生组织的自我教育、自我管理组织中，学生有选举和被选举权利。

(16) 组织权：学生在学校学习期间，有结合自己的兴趣爱好，依法组织学生社团、兴趣小组、学习小组的权利。

(17) 拒绝权：学生有拒绝学校、教师以及其他人员不合理收费，不合理要求，不合理安排的权利。

(18) 劳动权：学生根据自己的发展需要，在力所能及范围内，有从事相应生产、生活或者公益劳动的权利。

(19) 知识产权：学生对自己创新，包括在教师指导下小发明，小创造、小制作、小论文享有知识产权。

(20) 申诉权：学生对学校、教师或他人对自己不实评价或处分，有申辩、申诉权利，对严重侵犯自己合法权利并造成身心、财产损失的有直接提起诉讼的权利。

义务：

(1) 遵纪守法义务：自觉遵守法律、学籍管理要求；遵守学校、班级各项规章制度，不迟到不早退，不缺课，有事要请假；诚实作业和参加考试或考核。

(2) 自觉实践义务：积极参加学校、教师组织的实践课程，包括实验课，实习课，

操作技能训练课；按时完成老师布置的作业或其他学习任务。

(3) 积极活动义务：在力所能及范围内，积极参加学校、班级等组织的各项活动；特别是课外体育、文娱活动，社会调查活动，社会服务活动中不断提高自己能力。

(4) 正常交往义务：不在同学中拉小团体，实事求是反映同学的问题，男女同学相处要保持适当距离，不交往自己不了解的陌生人；借钱物要还。

(5) 尊敬老师义务：不顶撞教师，遇到老师要问好；上课要起立敬礼，下课要起立，经过老师允许才离开教室；自觉接受教师的教育、指导和帮助；对教师要诚实；遇节假日，要向教师问好。

(6) 做事认真义务：学习认真，作业认真，办事认真，劳动认真，认真完成学校、教师交办的任务。

(7) 阅读观看义务：阅读健康书籍，收看健康影视，自觉抵制和不看不利于自己健康成长的影视，图书，录像，游戏和网页。

(8) 珍爱生命义务：不打架斗殴，不做可能伤害同学或者老师身心的事情；除非必要，不伤害动物生命；不抽烟、不喝酒；远离毒品。

(9) 爱护公物义务：不损坏、不乱拿、不乱涂污公物；不损坏学校花草、树木；不损坏学校房舍、设备、设施。

(10) 友爱同学义务：关心同学、帮助同学；爱护同学，珍惜同学友情；不欺负弱小同学，尊重年长的同学；尊重他人的人格尊严和习惯。

(11) 自觉劳动义务：自觉参与力所能及的劳动，包括家务劳动，自理劳动、学校生产和公益劳动。

(12) 爱护集体义务：不做有损于集体的事，不说有损于集体的话；保守集体的秘密；爱护集体荣誉。

(13) 依法缴费义务：学生要自觉依法交纳必要的费用，包括学校依法收取的书费、代管费、住宿费、学费或者杂费等。

(14) 承担责任义务：学生没有全面履行自己义务，导致不良影响或后果，应当承担相应惩处性的责任。

2. 在课堂中的权利义务

课堂作为学生的主要学习场所，担负着教授知识的主要任务。因此，学生在课堂上的权利义务必须作明确细致的规定，以便更好地进行教学活动。

权利：

(1) 上课权。学生在校期间有接受课堂教育的权利，在正当情况下任何人不得无缘无故禁止学生上课。

(2) 发言权。学生在课堂上有发言的自由，但前提是在遵守课堂纪律，符合教学内容的情况下进行的发言。

(3) 人格尊严不受侵犯的权利。在课堂中，有时会因一些小矛盾引发师生冲突，如果当老师提出不合理的羞辱要求时，学生可以拒绝回应。

(4) 学生与教师个性相斥时也应受到尊重的权利。

(5) 学生成绩不排名次、座位不受歧视的权利。

(6) 学生在课堂被教师错怪，有接受公开道歉的权利。

(7) 学生有较为均等的表演的机会。

(8) 学生可无条件质疑纠错并有要求教师及时予以答复的权利。

(9) 学生有要求教师严格按课程表上课，不得随意调课的权利。

(10) 学生有课间不做课堂作业、要求教师不拖课的权利。

(11) 学生有要求教师不人为提高教学要求和难度的权利。

(12) 学生有要求教师使用先进教学设备的权利。[1]

[1] 《尊重学生"隐性"权利，营造课堂教育公平》[EB/OC]. http://blog.sina.com.cn/2009zhangmingchao.

义务：

(1) 遵守课堂纪律。上课期间不得嬉戏打闹或是与其他同学闲言碎语，也不能起哄扰乱课堂秩序，影响他人听课。

(2) 认真上课义务。具体包括：上课不做其他事情，不看课外书籍或刊物；集中精力听老师讲课或者参与课堂学习、研究；积极配合课堂教学，达到预期教学要求。

(3) 不得无缘无故旷课、迟到或早退等。

(4) 参加班级劳动义务。比如课间擦黑板、老师布置的课堂上为同学分发东西的任务、进行班级扫除等。

(5) 积极思考回答老师问题，并能与同学进行热烈讨论。

(6) 课上布置的作业能按时按要求认真完成。

(7) 尊重老师和其他同学。老师讲课有时难免出错，或者有的同学回答问题回答错误时，这时要理解而不是起哄或嘲笑。

案例1—13

应怎样对待学生的服饰问题

陕西省铜川市省煤炭基建公司第二中学高一(2)班学生王文生，某年6月2日到学校上课时，内套一件被青年们称为“一把火”的红衬衫。他的显露的红衣领子被班主任孙澍发现。孙老师当即责令王文生脱掉红衬衣。平日少言寡语的王文生不愿当着男女同学的面脱衣服，要求去教室外面脱。孙澍不准，强令王文生在教室里脱。自尊心很强的王文生坚持不脱，并回到自己的座位坐下。孙澍走过去揪住衣领把王文生拉出座位，把他的语文书和本子从后窗子扔下楼去，大声喊道：“出去!我这个班不要你，以后别来了。”此后，班主任和学校一直未向家长通报情况。直到6月14日晚入睡前，王文生对奶奶说：“老师欺负我，我找他说理去。”次日早7时半左右，王文生在铜川市公园湖投湖身亡。

【案情分析】

《宪法》明确规定了公民有言论(表达)自由，在该案例中，教师孙澍让学生王文生脱掉其红衬衫，是否侵犯了王文生的表达自由权呢?1991年8月20日国家教委下发的《小学生日常行为规范》要求小学生要“穿戴整洁”；1988年8月20日国家教委下发的《中学生日常行为规范》(试行稿)共有五个大方面的要求，其中第一个大方面就是“自尊自爱，注重仪表”，其中的第一项规定是：“穿戴整洁、朴素大方。提倡穿校服。头发干净整齐，男生不留长发，女生不烫发，不化妆，不佩戴首饰，不穿高跟鞋。”之所以提倡穿校服，是因为穿校服益于培养学生的组织纪律性，减小学生家庭贫富差别给学生身心发展带来的不良影响。这里的问题是，国家教委的文件规定是否与宪法的规定相矛盾呢?不矛盾。因为学生是一个非常特殊的公民群体，学校是一个教育学生促进学生身心全面发展的场所，对在这一场所中受教育的学生的服饰提出“穿戴整洁，朴素大方”的要求是利于学生身心健康发展的。只要学生的穿着不违反法律和社会公德、不会对教育教学工作造成不良影响，学校和教师就不应干涉，否则就侵犯了学生的表达自由权。在本案例中，学生王文生穿了一件红衬衫，而且是穿在里面只露出个红领子，并不违反有关规定，也不会对正常的教育、教学活动产生不利影响，无可非议，而教师孙澍却横加干涉。因此，学校和教师在对学生的服饰进行要求时，就存在一个合理还是不合理的问题。本案例中孙澍对王文生所提出的服饰要求就属于不合理的要求，是一种违法行为。但如果一名女生身着比基尼“三点式”到校上课，学校和教师就可对其服饰作出批评要求其纠正，因为过于暴露的服饰不利于教育教学活动的进行，也与教育教学场所的氛围不相协调。

此外，在本案例中，教师孙澍不让王文生上课，侵犯了其受教育权；当着全班男女同学的面让其脱衣服，侵犯了其人格尊严。当然，王文生的自杀是一种自己结束自己生命的行

为，主要是由于其心理承受能力太差所致，与教师孙澍的行为之间无必然的因果联系。教师孙澍不承担刑事责任，但应承担行政责任，学校应给予孙澍一定的行政处分。

（案例来源：《教育法学基础》，辽宁大学出版社1994年版，第371页。）

案例1—14

出租学生为家具城装饰门面

某城镇一所中心小学，经费比较紧张，该校领导为此十分发愁，正在想方设法搞创收，以改善办学条件、提高教师待遇之际，恰好本镇一家具城准备开业，老板想用100名学生来装点门面。老板主动找上门来，学校与老板双方一拍即合，决定出100名五年级学生，老板给每个学生一顶帽子，付学校500元劳务费。10月10日上午8时，由两名教师带队，100名学生来到了家具城，先清理已摆好的各种家具。10点钟时，随着声声爆竹，开业庆典开始，学生们又手持鲜花欢迎前来祝贺的来宾，一直干到中午11点30分，学生才回家。尔后，500元的收入被学校平均分给了学校26名教师。

【案情分析】

该校为提高教师待遇，随意停课，将学生出租去做临时的“童工”，打乱了学校正常的教学秩序，侵害了学生上课学习的权利。同时，学校还侵占了学生的劳动报酬，将学生的“劳动”所得由学校平均分给26名教师，侵犯了学生“获得劳动报酬”的权利。在该案例中，学校是侵害学生受教育权、劳动报酬权的违法主体，有关责任人员应负一定的行政责任，受到行政处分。

（案例来源：《南方周末》2005年9月8日，作者为蔡早勤）

案例1—15

体罚学生：教师打学生耳光

某日，上海市闸北区某小学二年级某班上第三节课时，因音乐教师外出开会请假，音乐课由卫生教师纪某代上课。纪某是从卫生职校毕业分配来校不满一年的青年女教师。在上课时，她看到有的学生用不洁的手擦眼睛，便检查全班学生手帕。检查时她发现有20名学生未带手帕，便叫他们排成队站在讲台前，然后她挨个打未带手帕的学生的耳光。这些孩子大多年仅8岁，有的脸被打肿，有的被打出鼻血。班长乌某除了挨打耳光外，还被纪某揪住头发往讲台上撞，学生姚某脸上留下5条手指印。被打的孩子们个个暗淌泪水，不敢作响。班主任教师上第四节课时，看见学生们神态异常，经再三查问才知此事。

【案情分析】

在该案例中，教师纪某的行为是典型的体罚行为，她侵害了被打学生的身体健康权，应受到行政处分。二年级的小学生年仅8岁，其行为能力较差，如果他们未能按要求将手帕带来，教师应讲道理，提醒学生下次注意，并要求学生家长给予帮助，不应粗暴地采取体罚手段"教育"学生。

（案例来源：1989年11月18日《法制日报》）

从法学的角度看，实施体罚的主体是特定的，即实施体罚的主体必须是具有教育工作者职务的人员，如大、中、小学教师和幼儿园教师等，父母责打子女不是体罚行为。在该案例中，实施体罚的主体是教师纪某。从体罚的行为特征看，体罚是教育工作者在履行教育职责过程中对受教育者所实施的一种侵害行为。体罚是在教师执行"公务"中发生的，是教师违法行使职权的结果，是教师滥用职权的表现。从体罚给学生造成的结果看，会对学生造成身体和精神的双重损害。首先是造成身体的伤害，体罚同时还侵害了学生的人格尊严，伤害了学生的自尊心，使学生的精神世界畸形发展，甚至造成严重后果。

《中华人民共和国义务教育法》第十六条规定，对违反"禁止体罚学生"规定的，

根据不同情况，分别给予行政处分，行政处罚；造成损失的，责令赔偿损失；情节严重构成犯罪的，依法追究刑事责任。《中华人民共和国义务教育法实施细则》第四十二条规定，体罚学生情节严重的，由有关部门给予行政处分；违反《中华人民共和国治安管理处罚条例》的，由公安机关给予行政处罚；构成犯罪的，依法追究刑事责任。《中华人民共和国教师法》第三十七条规定，体罚学生，经教育不改的，由所在学校、其他教育机构或者教育行政部门给予行政处分或者解聘；情节严重，构成犯罪的，依法追究刑事责任。《中华人民共和国未成年人保护法》第四十八条规定，学校、幼儿园、托儿所的教职员对未成年学生和儿童实施体罚或者变相体罚，情节严重的，由其所在单位或者上级机关给予行政处分。第四十七条规定，侵害未成年人的合法权益，对其造成财产损失或者其他损失、损害的，应当依法赔偿或者承担民事责任。第五十二条规定，侵犯未成年人的人身权利或者其他合法权利，构成犯罪的，依法追究刑事责任。

这些法律对体罚学生的法律责任的规定可以看出，根据情节轻重，体罚学生要分别承担三种法律责任：⑴行政法律责任，实施体罚者应受到行政处分或行政处罚；⑵民事法律责任，实施体罚者所在单位承担民事赔偿责任，实施体罚者不直接承担民事责任；⑶刑事法律责任，实施体罚情节严重者应受到刑罚处罚。

/ 教育中的行政法律问题

教育中的行政法律责任，是指教育行政法律关系主体由于违反了有关教育的行政法律规范或不履行相应的行政法律义务而应依法承担的行政法律后果。教育行政行为能够产生行政法律效果，具有行政法律意义，它能规范教育领域的各项活动，同时对学校、教育工作者以及受教育者的权利和义务产生直接的影响。本章将对教育中的行政处分与行政处罚、对学生的纪律处分和行政处罚、教育行政法律救济等问题加以分析和讨论。

/ 行政处分与行政处罚 /

教育行政行为 /

教育行政行为的概念

所谓教育行政行为，是指教育行政机关在行使行政职权，对教育事务进行组织和管理的过程中作出的具有法律意义的行为。

教育行政行为的特点

首先，它由教育行政机关作出。教育行政行为只能由教育行政机关作出，至于是

教育行政机关直接作出还是依法委托其他社会组织作出，都不影响教育行政行为的性质。但是，如果教育行政机关以外的其他机构或其他社会组织，在无教育行政机关依法委托下所作出的行为，就不能认定是教育行政行为。

其次，它是教育行政机关行使行政职权、履行其行政职责的行为。教育行政机关工作的重心不是民事活动或者有关其他事务的行政活动，而是对教育事务进行领导、组织和管理，以促进教育事业的顺利发展，背离了这一点，教育行政机关就没有存在的必要。

最后，它必须是具有法律意义的行为。教育行政行为具有行政法律意义，能够产生行政法律效果，它能规范教育领域的各项活动，同时对学校、教育工作者以及受教育者的权利和义务产生直接的影响。

教育行政处分 /

教育行政处分的概念

行政处分，是行政制裁的一种形式，是国家机关、企事业单位依照法律和有关规章，给所属的有轻微违法或违纪行为人员的一种制裁，同时又是被处分人的行政责任的体现形式之一。教育行政处分，是国家行政机关或学校及其他教育机构对其所属人员违反教育行政法规的行为给予惩戒性措施。

教育行政处分的种类

行政处分的种类包括警告、记过、记大过、降级、撤职、开除。教育行政处分种类依照此执行。

1. 警告

警告是最轻的纪律处分。适用于那些犯了一般性错误或者所犯错误情节较轻但必须给予行政处分的违纪的人员。警告的处分的期间为六个月。受到警告处分的人员，一般不影响担任原任的职务。但是，受到处分后的一年时间内，不得提升职务。

2. 记过

记过，是比警告严厉的处分形式。处分材料将被放入人事档案，受处分期间不得晋升职务和级别，也不得晋升工资档次。记过的处分期间为十二个月，适用于违法一般的公务员。

3. 记大过

记大过，是较记过严厉的处分形式。处分期间为十八个月。处分材料将被放入人事档案，受处分期间不得晋升职务和级别，也不得晋升工资档次。

4. 降级

降级，是降低公务员现有级别的一种处分方式。对公务员实施降级处分，只能在其所跨越的级别范围内进行。原则上一次只能降一个级别，特殊情况下才允许同时降两级以上。降级的处分期间为二十四个月。受处分期间不得晋升职务和级别，并不得晋升工资档次。

5. 撤职

撤职，是撤销公务员现任职务的一种处分形式，适用于具有较严重违纪行为的公务员。受撤职处分时，同时降低该公务员的级别和职务工资。撤职以后，一般要安排低于原职务的职务。撤职的处分期间为二十四个月。

6. 开除

开除，是指对现职公务员进行除名，使其不再具有公务员身份的一种处分形式。开除是公务员处分中最严厉的形式，只适用于严重违法违纪，已丧失担任公务员基本资格条件的情况。

案例2—1

河南省驻马店市汝南县17所乡镇中学不同程度存在虚报学生人数，套取国家义务教育公用经费的违纪行为。2010至2011年度，全县累计虚报学生人数3547人，套取国家义务教育公用经费939955元。

【案例分析】

上述行为违反了《关于进一步加强农村义务教育经费保障机制改革资金管理的若干意见》(财教〔2009〕2号)等文件关于严禁虚列虚支、虚报冒领和挤占挪用教育经费的规定。该案件情节严重、性质恶劣，损害了国家利益，影响了教育形象。教育部督查督办，责成河南省教育厅严肃查处：汝南县纪委给予负重要领导责任的汝南县教体局局长、党组书记行政记过处分，给予负主要领导责任的汝南县教体局分管副局长行政记大过处分。汝南县教体局在此项工作中监管不力、失职失察，驻马店市教育局研究决定，对汝南县教体局在全市教育系统进行通报批评，并责成汝南县教体局写出深刻检查。汝南县纪委给予虚报冒领国家公用经费的17所中小学校长行政记大过处分，并进行诫勉谈话，要求写出书面检查，对存在问题的学校给予通报批评，免去三桥中学校长职务。

(案例来源：(http://news.sina.com.cn/o/2012-02-27/171324012301.shtml))

案例2—2

2009年，琼湖书院共收取学生伙食费225万元，实际支出158.6万元，结余66.4万元，有37.9万元用于发放学校教职工津补贴，28.5万元用于学校日常支出。2008年，店门镇中心学校通过虚报菜金等形式，将学生食堂伙食费结余资金23.01万元转至账外设立“小金库”，用于发放职工津补贴和学校行政开支。2008年上学期至2010年上学期，东湾中学以虚报形式套取寄宿生生活补助资金共计5.4万元，用于学校日常支出。

【案例分析】

上述行为违反了《国家发展改革委、教育部关于规范中小学服务性收费和代收费管理有关问题的通知》(发改价格〔2010〕1619号)关于中小学校收取服务性收费和代收费必须坚持自愿非营利原则及多退少不补的规定。教育部督查督办，相关部门已作出了严肃处理：沅江市监察局给予琼湖书院校长行政警告处分，并在全市范围内对琼湖书院违纪问题进行了通报，违规发给教师的津补贴已收缴至市财政。衡山县纪委给予店门镇中心学校校长和总务主任党内警告处分，给予副校长党内严重警告处分，违规发放的9.59万元津补贴已收缴至县财政。耒阳市纪委、监察局给予东湾中学校长党内严重警告、行政记大过处分；给予学校总务主任兼会计行政记大过处分，取消其预备党员资格。

(案例来源：(http://news.sina.com.cn/o/2012-02-27/171324012301.shtml))

案例2-3

山东省德州市武城二中部分教师于2011年7月14日组织学生到河北省故城县成龙学校进行跨省补课，计划补课4周，每生收费920元，共收取450名学生补课费414000元。参加补课的教师有21人，其中6人为各年级分级部主任，15人为普通任课老师。武城二中跨省补课，违反了国家关于严禁收费办班、补课的规定，在全国产生了恶劣的影响。

【案情分析】

教育部督查督办，相关部门已作出了严肃处理：德州市对武城县教育局和武城二中的违规办学行为全市通报批评；武城县纪委、监察局对负有监督管理责任的县教育局分管负责人予以诫勉，对校委会负有领导责任的3人予以诫勉，给予负有直接管理责任的武城二中教务处负责人停职检查处分；对违规办班收取的补课费用，由县纠风办予以追缴并退还给学生；武城县教育局对武城二中全县通报批评，责令武城二中校委会作出书面检查，严肃处理违规补课教师；武城二中对21名进行违规补课的教师全校通报批评，并扣发全年津贴；给予参与组织补课的6名分级部主任行政记过处分。

(案例来源：(http://news.sina.com.cn/o/2012-02-27/171324012301.shtml))

教育行政处罚 /

教育行政处罚的概念

教育行政处罚，是指教育行政机关依法对违反教育管理秩序的相对人，给予惩戒、制裁的教育行政制裁措施。

教育行政处罚的种类

教育行政处罚的种类包括：

1. 警告；

2. 罚款；

3. 没收违法所得，没收违法颁发、自制的学历证书、学位证书及其他学业证书；

4. 撤销违法举办的学校和其他教育机构；

5. 取消颁发学历、学位和其他学业证书的资格；

6. 撤销教师资格；

7. 停考、停止申请认定资格；

8. 责令停止招生；

9. 吊销办学许可证；

10. 法律、法规规定的其他教育行政处罚。教育行政部门实施上述处罚时，应当责令当事人改正、限期改正违法行为。

教育行政处罚的特征

首先，教育行政处罚的原因是由于被处罚者违反了教育法律规范，教育行政处罚正是行政机关依法追究尚未构成犯罪的违法者的法律责任的一种方式。应当注意的是，教育行政处罚不同于学校对违纪教师或学生的处分，后者还是一种行政处罚。

其次，教育行政处罚是由特定的行政机关实施的。根据《行政处罚法》的规定，行政处罚由有处罚权的行政机关在职权范围内实施，综合我国教育管理体制，有教育处罚权的主要是教育行政机关，除此之外，一些职能部门对其内部设立的学校违反有关法律法规的行为也有权处罚。

最后，教育行政处罚是一种制裁，即通过对违法者革除义务或者剥夺某种既存权利来制裁违法者。

教育行政处罚权

教育行政机关具有行政处罚权（但无行政拘留权），而学校则不具有行政处罚权。行政赔偿是国家对行政主体及其工作人员违法行使职权造成的损害承担的赔偿责任。1994年5月2日通过的《国家赔偿法》对行政赔偿问题作出了较详尽的规定。建立行政赔偿制度的意义在于保护公民、法人和其他组织的合法权益。行政主体或其工作人员在行使职权时，由于行政法律关系主体双方地位的不对等性，行政相对方的合法权益很容易受到侵害。建立行政赔偿制度促使行政主体依法行政，减少和避免行政职权的滥用。《国家赔偿法》规定，行政机关和行政机关工作人员在行使职权时侵犯公民、法人或其他组织的合法权益造成损害的，该行政机关或工作人员所在行政机关为赔偿义务机关，由其支付赔偿费用。法律、法规授权的组织在行使被授予的行政职权时，侵犯公民、法人和其他组织合法权益造成损害的，该法律、法规授权的组织为赔偿义务机关。

案例2—4

某省某市第六中学，未经教育主管部门同意，将本校教学楼一层内三间教室租给某服

装厂做存料仓库。该学校上级主管部门市教委申请行政复议。经复议后，市教委部分变更了区教育局的处理决定。决定：没收非法所得，限两周内将已做仓库的教室复原，并对该校校长和主管后勤的副校长予以批评教育。相对人对复议决定不服，诉至人民法院，进入行政诉讼程序，经法院审理，最终做出的判决与市教委的复议决定一致。

【案例分析】

人民法院在审理中认为，学校校舍是推行义务教育的重要设施，使用、管理好本校校舍，保证教育教学工作正常运行是学校保障学生受教育权利的一个基本条件。然而该中学擅自将校舍出租，违反了《义务教育法》第十六条第一款关于“任何组织或者个人不得侵占、克扣、挪用义务教育经费，不得扰乱教学秩序，不得侵占、破坏学校的场地、房屋和设备”的规定，因此应该按该法第十六条第一款规定“分别给予行政处分、行政处罚；造成经济损失的，责令赔偿损失。”也违反了《国务院办公厅转发国家教育委员会、财政部、劳动人事部关于实施义务教育法若干问题的意见》（国办发[1986]69号文）第三十八条关于“擅自将学校的校舍、场地出租、出让或移作非教育之用的，由当地教育主管部门追究学校领导及有关人员的责任，按情节轻重分别给予批评教育、行政处分，并收回校舍、场地、没收非法所得”的规定处理。

这一案例是教育行政处罚解决途径的典型案例，行政相对人不服教育行政机关的教育行政处罚时，可以申请教育行政机关的上一级教育机关进行复议，对复议仍然不服，可以向人民法院上诉。

（案例来源：皮纯协，胡锦光主编《行政处罚实务全书》1996年，1037—1038页）

案例2—5

某县的高等学校自学考试委员会在本县组织高校自学考试，阅卷时发现其中一个考场的监考记录中说某学生在考试中有作弊情节，于是，高校自考委员会就援引高考自考条例，对作弊者进行了处罚，并且取消了该考生的这一门课程的考试成绩，并且要该考生所在单位通知本人。

【案例分析】

对教育违法事件作出教育行政处罚的决定，必须依照法定程序进行，《行政处罚法》第三十条规定："公民、法人或者其他组织违反行政管理秩序的行为，依法应当给予行政处罚的，行政机关必须查明事实；违法事实不清的，不得给予行政处罚。"在这个案例中，高校自考委员会一看到监考记录就作出处罚决定，是不符合法定程序的。这样就剥夺了相对人的申辩权和质证权，而且没有告知当事人享有的权利。

《行政处罚法》还规定，在给予相对人行政处罚时，"应当制作行政处罚决定书。"而在这个案例中，高校自考委员会只让相对人的所在单位通知，是不合法律规定的，应当制作教育行政处罚决定书，在法定期间内送达当事人。

（案例来源：皮纯协，胡锦光主编《行政处罚实务全书》1996年，1037—1038页）

案例2-6

厦门市紫星企业管理培训学校自2003年以来先后与国内31所高校签订了60份联合培训、招生合作协议。合作项目包括：博士、硕士、本科、自考等准学历性质的课程班、进修班、研修班，同时代理一些高校(继续教育)招生。

【案例分析】

这些项目均为超范围开展业务。该校与一些高校联合开展的培训、招生项目的收费标准未经物价局批准，均属违规行为。教育部督查督办，福建省教育厅、厦门市教育局作出了以下处理：厦门市思明区教育局存在管理不严等问题，责成该局主要领导作出检讨，对分管领导进行批评教育，责令其作出书面检查。责令厦门市思明区教育局对紫星学校予以

警告，同时禁止其开展新的与招生有关的业务，对原来签订的项目要逐一进行认真清理整顿，如再发现新的违规行为，将吊销其办学许可证。由思明区教育局对学校校长进行严肃的批评教育，并要求其作出书面检查。由厦门市物价局对紫星学校违规收费问题进行处理，规范其收费行为。由厦门市教育局对紫星学校的违规行为在全市教育系统内给予通报批评，并对全市同类教育培训机构，特别是民办培训教育机构开展警示教育。

(案例来源：(http://news.sina.com.cn/o/2012—02—27/171324012301.shtml))

教育行政处分与教育行政处罚的联系与区别 /

教育行政处分与教育行政处罚都是针对违反教育行政法律规范的行为实施的行政法性质的法律制裁，都由行政主体予以实施，都是被惩戒人承担教育行政法律责任的方式。

但是两者在以下方面仍然存在着区别：

(1) 两者针对的对象不同。教育行政处分针对的是教育行政机关的内部公务人员，也称为内部行政相对人，他们与行政机关具有人事管理上的隶属关系；教育行政处罚针对的是教育管理相对人，即学校、教师、学生以及其他社会组织，也称为外部行政相对人，他们不隶属于行政主体，是行政主体实施教育管理的对象。

(2) 两者的制裁原因不同。教育行政处分是行政机关对其内部人员违反政纪而予以的惩戒，针对的是违反了行政机关对内部管理的教育行政法律规范的违法行为；教育行政处罚是行政主体对违反行政管理秩序的相对人实施的惩戒，所针对的是违反了对社会实施管理的教育行政法律规范的违法行为。

(3) 两者制裁的方法与手段不同。教育行政处分所使用的方式与内部的人事管理费用相适应，如记过、记大过、降级、撤职、开除等；而教育行政处罚多运用财产罚、申诫罚、行为罚等多种多样的方式，如罚款、没收、责令停止招生、吊销办学许可证等。

(4) 两者制裁的依据不同。教育行政处分的依据只是适用于行政机关内部的法律规范，如《国务院关于国家行政机关工作人员的奖惩暂行规定》、《公务员法》等；教育行政处罚的依据则是行政机关据以管理教育行政事务的各种行政法律规范，如《行政处罚法》、《教育行政处罚暂行实施方法》等。

(5) 两者对惩处的救济途径不同。对教育行政处分不服的，只能向主管行政机关申诉或者提起人事争议仲裁解决；对教育行政处罚不服的，则可以向复议机关申请行政复议或向人民法院提起行政诉讼。

案例2—7

陕西省榆林市靖边县东坑镇东坑中学向九年级学生收取模拟测试卷费用68029元、毕业生照相费6200元、补课费54375元、任课教师纪念品费用10335元、其他零星杂支10246元，共计收费149185元。

【案例分析】

上述行为违背了《国家发展改革委、教育部关于规范中小学服务性收费和代收费管理有关问题的通知》(发改价格〔2010〕1619号)等文件关于服务性收费和代收费必须坚持学生或学生家长自愿原则，违反了严禁将讲义资料、试卷、电子阅览、计算机上机、取暖、降温、饮水、校园安全保卫等作为服务性收费事项的规定；同时也违反了《教育部、国务院纠风办、监察部、国家发展改革委、财政部关于在农村义务教育经费保障机制改革中坚决制止学校乱收费的通知》(教财〔2006〕6号)等文件关于规范学校办学秩序，严禁收费办班、补课的规定，加重了学生课业负担，影响了教育形象。教育部督查督办，榆林市、靖边县教育局已责成东坑中学退还收取的模拟测试卷费68029元；取消东坑中学“先进集体”称号，

对该校乱收费行为全县通报；取消东坑中学校长靖边县首届“好校长”称号，免于行政处分，并对相关责任人进行诫勉谈话。

（案例来源：(http://news. sina. com. cn/o/2012-02-27/171324012301. shtml)）

案例2-8

黑龙江省农垦总局齐齐哈尔分局克山农场初中2011年对每位学生收取21元“扫雪费”，所收费用合计为9912元；对初一、初二学生收取“纸张费”每人每学期40元，初三学生收取“纸张费”每人每学期50元，所收费用合计为19070元。

【案情分析】

上述行为违反了《国家发展改革委、教育部关于规范中小学服务性收费和代收费管理有关问题的通知》(发改价格〔2010〕1619号)等文件关于严禁将讲义资料、试卷、电子阅览、计算机上机、取暖、降温、饮水、校园安全保卫等作为服务性收费事项的规定，影响了教育形象。教育部督查督办，黑龙江省教育厅责成学校将收取的“扫雪费”和“纸张费”全部退还给学生，对克山农场初中校长进行诫勉谈话；克山农场给予克山农场初中校长行政警告处分。

（案例来源：(http://news. sina. com. cn/o/2012-02-27/171324012301. shtml)）

案例2-9

河北省井陉县小学期末统考前，该县上安镇岳家庄小学三年级教师梁某竟设法弄到了试卷，作出答案后让学生“牢记”，此举引起学生家长极大不满。据一姓武的学生家长说，2月2日下午已到放学的时间了，然而孩子们都没有回家，家长们十分着急。晚上7时30分左右，孩子们回到家告诉家长，因为“老师搞到卷子”，做出答案后让他们抄下来牢记。次日早上临考前，梁老师竟然又“加班”，给学生们抄了一道“写作题”。家长们说，梁老师是公办教师，去年10月份才来该校执教。由于会驾驶，他经常晚上加班开车，有时白天不能正常为孩子们上课。由于梁教师不负责任，孩子们的成绩急剧下降，原来数一数二的优等生在上安镇的抽查考试中竟然不及格。为了让“学生们考个好成绩”，他竟然用了偷考题的手段。家长们认为，教师除了教书还要育人，梁老师如此“做手脚”，只会教孩子们学会“不劳而获”，又谈何“育人”呢？

【案情分析】

本案中教师梁某的责任可依国务院《国家行政机关人员奖惩暂行规定》中的有关规定予以认定，即“国家行政机关所属工作人员有下列违法失职行为，尚未构成犯罪的，应予以行政处分；如果情节轻微，经批评教育后，也可免予处分；违反国家的政策、法律、法令和政府的决议、命令、规章、制度的；玩忽职守、贻误工作的……”对于教师梁某应当给予适当的行政处分，如警告、记过、记大过、撤职、开除等。

上述案例是中小学教师教育违法行为中的典型案件，这些行为的影响是非常严重的，他不仅有损于教师的职业形象，对未成年学生的心灵也构成了极大的伤害，必须引起全社会的高度重视。

（案例来源：郭瞻予著.《中小学教育违法心理形成及预防》. 黑龙江人民出版社，2003. 04.）

案例2—10

2002年9月，某小学一年级（5）班上语文课，某老师要求学生根据文字写出汉语拼音，但班上有很多同学的普通话学得不好，很长时间写不出来。这位老师大为光火，情急之下说了几句很难听的话。但这一着儿对学生不灵，后来，这位老师就要求全班30多名学生在她面前跪下。事后，这位老师被开除，学校对学生及其家长郑重赔礼道歉，平息了众怒。

【案例分析】

这是一起教师对未成年学生进行变相体罚、严重侵害未成年学生的人格尊严和身心健康的典型事件。根据我国《教育法》等法律的有关规定，学校、教师有关心、爱护学生的

义务，不得对学生实施体罚、变相体罚或者其他侮辱人格尊严的行为。在这起事件中，也许这位教师的出发点是为了学生搞好学习，但这种做法过激和过急了，结果事与愿违。对学生进行变相体罚，将会对学生心理和人格带来负面的影响，对学生身心发展有着潜在的危害。老师对学生的教育应该多一点耐心，应当采用因材施教、循循善诱的教育方法，罚跪是有悖于以上的教育原则的。根据《中华人民共和国义务教育法》第十六条、《中华人民共和国义务教育法实施细则》第四十二条、《中华人民共和国教师法》第三十七条和《教育行政处罚暂行实施办法》第十条规定，教师体罚学生的，教育行政部门给予警告、1000元以下的罚款；体罚学生，经教育不改的，由所在学校或者教育行政部门给予行政处分或解聘；体罚学生情节严重的，由公安机关给予行政处罚；构成犯罪的，追究刑事责任。本案中，学校解聘该教师是正确的。

（案例来源：谢卫国，魏松青主编.《中小学生在校伤害预防与处理理论、操作实务与案例分析》. 广东人民出版社，2002. 3.）

/ 对学生的纪律处分和行政处罚 /

学生违规违纪行为的处理和转化教育，是学校教育和管理经常性的工作之一。而对学生的违规违纪行为的处理，常常出现争议和纠纷。这是因为，对学生违规违纪行为的处理，不仅需要教师和学校管理工作者遵循教育规律，而且需要依法执教。

学生违纪行为的界定及分类 /

学生违规违纪行为是指违反学校规章制度或班级纪律，妨碍或干扰教学活动的正常进行或影响教学效率的行为。违规违纪行为可视情况而定，不同的行为在不同情况下会产生不同的影响，违规违纪也没有严格的界定，各校有各校的规定，各班有各班的准则，不可一概而论。

根据违纪行为所造成的影响大致可以分为三类：第一类，一般违纪。如不按时完成作业、迟到、上课随便说闲话等；第二类，严重违纪。如打架、严重违反课堂纪律等，反复性的一般违纪行为也会构成严重违纪，如经常迟到；第三类，严重扰乱正常教育秩序行为，如经常勒索同学且经教育不改、经常打架且经教育不改、恶性群架、顶撞辱骂威胁殴打教师等。根据违纪的原因可以分为两类：因为自制力差、惰性明显等消极性心理而产生的违纪；恶意违纪。

在中国，学生纪律处分的形式是法定的，包括警告、严重警告、记过、留校察看、勒令退学、开除学籍六种处分形式，学校可以根据国家的法律法规和政策规章制定本校的校纪校规，学生违反了这些校纪校规就要接受相应的纪律处分。此处，由于义务教育的特殊性，中国的《义务教育法》规定学校不能开除义务教育阶段的学生，因此开除和勒令退学的处分形式在义务教育阶段是并不适用的。而失去了开除处分的直接威慑力，留校察看也失去了其原有的影响力。所以，对义务教育阶段的中小学来说，警告、记过是它们真正能采用的两种处分形式。

学生纪律处分 /

对学生纪律处分概念的界定

在现实生活中，学生纪律处分是一个颇为含混的概念。对学生来说，一个违纪行为产生之后，将受到何种“处分”、被谁“处分”常常具有不确定性。一个公开顶撞老师的违纪行为，可能仅受到班主任的口头警告，也可能被视为“态度极端恶劣”而被学校处以“警告”处分，两者之间的区别关键在于，前者通常只具有一时的惩罚性，而

后者则将被记入档案、成为学生人生记录的一部分。实际上，就理论而言，学生纪律处分的概念应该包括两个层次，即广义的学生纪律处分和狭义的学生纪律处分。

广义的学生纪律处分是指负有相应职责的特定学校组织或学校教师基于内部管理关系对违反学校纪律的学生实施的一种内部惩戒措施。它由四个要素构成：1. 学校纪律处分的主体既包括负有相应职责的特定学校组织，也包括普通任课教师及学生班主任等。2. 被处分的对象是学校内部的学生。3. 学校纪律处分的依据是学校校纪校规。4. 被纪律处分者从事了违反学校内部纪律规章的具体行为，并对此行为承担相应的不利后果。

根据处分主体的不同，广义的学生纪律处分又可以分为教师实施的纪律处分和学校实施的纪律处分。前者针对学生违反行为规范的轻微事件或是在教室里发生的影响学习活动的小事件，只要不构成大的违纪行为，一般由任课教师或班主任自行处理；后者针对性质较严重或学生态度恶劣的违纪行为，一般需援引学校的纪律规章做出书面的正式决定，处分主体是学校特定组织，如校长办公会、政教处等。而狭义的学生纪律处分特指由学校实施的纪律处分，是负有相应职责的特定学校组织对违反校规校纪的学生所进行的校内惩戒。

在不同的国家，对学生纪律处分的理解是存在显著区别的，有些国家采用广义的学生纪律处分概念，处分既指教师，也指学校实施的纪律处分，如英、美两国及印度等；还有的国家则将纪律处分限定为学校实施的纪律处分，把教师实施的纪律处分纳入教师惩戒权的范畴，对两者进行了明确的区分，如中国、日本、德国等。为避免概念的混淆及知识点的遗漏，本文对所讨论的学生纪律处分仅指法律允许学校及教师实施的纪律处分。

学生纪律处分的价值和功能

自学校建立以来，维持纪律就一直是学校的基础性功能之一。对学生进行纪律管理的历史几乎同学校的教育历史一样漫长，应该承认，失去纪律管理的支持，学校教育就根本无从开展。因此，学位作为教育机构，本身就是同纪律观念和把学生置于更严密的监督之下的想法联系在一起的。尽管学校对纪律问题常常采取隐忍不发的态度，不情愿明确讨论这类问题，但是学校教师和学校管理者却很清楚，在学校里维持纪律是一个关键问题，必须花大力气来维持秩序，因为教育工作及学校的公众形象在很大程度上取决于学生的纪律。有研究表明，在一定情况下，一定比例（1%—5%）的、“难以管教”（在一定时间内，学生持续地故意违纪）的违纪学生就足以构成教师的教学障碍，而超过这一比例，则教师的教学质量则会显著下降。

当然，在教育理论中，研究者对纪律处分的理解是不同的：有的研究者将维持纪律视为实施教育教学活动的中心任务之一，将纪律处分当作进行日常教育的工具；有的研究者则将纪律处分视为实施道德教育的辅助性手段，将其当作偶尔采用的德育工具或其他教育手段失效后迫不得已的例外选择；还有的研究者从结构主义的角度出发，将纪律处分视为促进学生“标准化”或“社会化”的手段。

学生承担行政法律责任的方式 ／

学生违反了教育法，也要承担行政法律责任。学生承担行政法律责任的方式主要有两种：纪律处分和行政处罚。我国对学生的处分方式有6种，即警告、严重警告、记过、留校察看、勒令退学、开除学籍。行政拘留、劳动教养等属于行政处罚，不属于学校处分的范围。对非义务教育阶段的学生，这6种处分方式皆适用，对义务教育阶段的学生一般只适用于前四种，即警告、严重警告、记过和留校察看。《行政处罚法》第二十五条规定，不满14周岁的人有违法行为的，不予行政处罚，责令监护人加以管教；已满14周岁不满18周岁的人有违法行为的，从轻或者减轻行政处罚。

与学生的纪律处分和行政处罚相关的法律法规 /

由于中小学生大多为未成年人，依据《中华人民共和国行政处罚法》第二十五条规定，不满14周岁的人有违法行为的，不予行政处罚，责令监护人加以管教；已满14周岁不满18周岁的人有违法行为的，从轻或者减轻行政处罚。《中华人民共和国治安管理处罚条例》第九条规定，已满14岁不满18岁的人违反治安管理的，从轻处罚；不满14岁的人违反治安管理的，不予处罚，但是可以予以训诫，并责令其监护人严加管教。

这些规定实际上涉及的是责任年龄问题。责任年龄是指行为人对自己的违法行为负法律责任必须达到的年龄。一般情况下，年龄的增长与责任能力的完备是成正比的。人的辨认和控制自己行为的能力是受年龄制约的，其发展是循序渐进的，由完全无知的心理状态到能完全负责的心理状态，须经历若干阶段。上述规定实际上是将14—18周岁的公民归于限制行政责任能力时期，14周岁以下属于无行政责任能力时期。未满14周岁的人，在生理上、智力上尚未发育成熟，还不具备了解自己行为的性质、意义和后果的能力。行政违法是有意识和有意志的行为，而他们所实施的行政违法行为，主要是幼稚无知的表现。所以，不满14周岁的人有违法行为的，不予行政处罚，责令其监护人加以管教。已满14周岁不满18周岁的人，具有限制行政责任能力，这一年龄阶段的人，智力随着年龄的增长已具有一定的分辨是非善恶的能力，可以对自己的某些行为负责，但毕竟社会经验、知识匮乏，尚不具有完全辨认和控制自己的能力，不能完全预见自己的行为可能对社会发生危害的结果，也不能完全理解自己行为的法律后果，所以，已满14周岁的不满18周岁的人有违法行为的，从轻或者减轻行政处罚。未成年人还具有容易接受教育、可塑性较强的特点，因此，不满14周岁的人有违法行为的，不予行政处罚，责令监护人加以管教；已满14周岁不满18周岁的人有违法行为的，从轻或者减轻处罚。这充分体现了对未成年人有违法犯罪行为的，实行教育、感化、挽救的方针，坚持教育为主、惩罚为辅的原则。若对未成年违法犯罪者处以过多、过重的处罚，不利于使他们改造成新人，容易使身心发育尚未成熟的未成年人丧失悔改的信心，对前途失去希望。

当前，我们的教育环境比较复杂，影响未成年人思想行为的因素也良莠并存，一些青少年在不良因素的影响下，分不清是非善恶，缺乏法制观念，从而走上违法犯罪道路，可以说，这些青少年既是违法者，又是受害者。因此，对他们的违法行为既不能放任不管，也不能只过分强调处罚，而应当坚持教育为主、惩罚为辅的原则。

案例2–11

在铁西区和平村的一个学校里，一个年仅13岁的小学生，竟敢在课堂上对女教师大打出手，使其受伤住院。据当场目击学生所写的证实材料，星期三下午2时左右，学生思想品德课教师李某正在6年3班上课，上课中，学生郭某见后面有两个学生说话，便打了其中一个学生一拳。李老师很生气，质问郭某："你干什么？"郭某满不在乎地答："我在管纪律。"李老师瞅了瞅郭说："这节课我上，纪律我来管，不用你管。"郭不但不听，反而责问老师："我就管，你瞅我干啥？"随即拿起讲台桌上的粉笔盒，向老师扔去，被李老师躲过。郭仍不住手，又拿起课本打在老师身上。李老师气坏了，上前拽住郭说："你给我滚出去。"郭一把抓住李老师头发使劲拽，李老师被迫弯下腰。接着，郭又向李老师连踢了几脚。李老师脸被踢得青肿，两只眼睛肿成了一条缝，眼镜也掉到地上摔坏。全班同学见此惨壮，都吓得呆住了。随后，老师们闻讯赶来，把李老师送到医院。次日，李老师住院，郭被十二路派出所的民警带走。对于让郭维持班级纪律一事，6年3班班主任江老师予以否认。据校方介绍，郭父亲已去世，母亲改嫁，他与爷爷奶奶生活在一起。他比同龄同学长得高大，是校内有名的劣迹学生，三天两头闹事，令老师和同学十分头痛。仅今年以来，他就惹了七八起事，或殴打其他同学，或堵女同学搞对象。学校和派出所对郭进行多次教

育，但屡教不改，这次又做出这样严重的恶行。学校已向有关部门提出申请，希望能把他送到工读学校进行教育。

【案例分析】

《中华人民共和国教育法》第四条第三款规定："全社会应当尊重教师。"《中华人民共和国义务教育法》第二十八条规定："全社会应当尊重教师。"《中华人民共和国教师法》第三十五条规定："侮辱、殴打教师的，根据不同情况分别给予行政处分或者行政处罚；造成损害的，责令赔偿损失；情节严重构成犯罪的，依法追究刑事责任。"全社会都应当尊敬教师，尊重教师是学生的义务。但本案中，学生郭某殴打管教批评的李老师，严重违反了《教育法》、《义务教育法》和《教师法》，给学生受教育和教师正常工作带来极坏影响，应从重处罚，以增强学生尊师重教的良好风气。

（案例来源：孙洪莲主编. 教育政策法规解读及案例分析. 黑龙江教育出版社，2008. 04.）

案例2—12

一位学生家长向记者反映，他上小学二年级的孩子被班干部惩罚的经过。2006年5月15日午后3点整，这个班在教室外站排，由于他的儿子魏某在站队时出了怪态，就被一名班干部叫了出来，当众罚魏某下蹲35次(没有教师在场)。学生进了教室以后，班干部觉得罚得还不够，于是又叫魏某再次当众罚蹲50次，还必须继续做不能停，如果停一下就加罚20次，于是魏某又做了50个下蹲。这名班干部认为魏某蹲得不合格，就继续罚魏某下蹲90下。魏某回家后感觉双腿蹲得酸疼，头昏眼花，更严重的是魏某感到当众受到侮辱，第二天说什么也不愿意上学了。次日，家长找到学校，班主任老师态度很好，表示事发时正外出开会，不知道发生了这种事情，教师从来也没给过班干部处罚学生的权利，并表示对此事要处理解对研干部兽讲行教育。

【案例分析】

该案是一则学生侵权案例。这名班干部的监护人和学校应承担民事责任。《中华人民共和国未成年人保护法》第六十条规定："侵害未成年人的合法权益，对其造成财产或其他损害的，应当依法赔偿或者承担其他民事责任。"我国《民法通则》第一百三十三条规定："无民事行为能力人、限制民事行为能力人造成他人损害的，由监护人承担民事责任。监护人尽了监护责任的可以适当减轻他的民事责任。"该案中，这名班干部侵犯了魏某的人身权利，其监护人应承担民事责任。承担责任的方式应该以赔礼道歉为主，其他如消除影响、恢复名誉、赔偿损失等可以酌情处理。学校是学生学习的地方，对于未成年的中小学生而言，学校应对他们负有保护职责。由于事情发生在上课过程中，学校的教师本应该负有责任，但是，教师不是外出办私事，而是因公外出开会，这是由于学校本身的管理失误造成的。因此，学校应该承担部分责任。但是，我们应该分清的是，学校承担责任的原因是失职，承担的责任不是连带责任。

（案例来源：孙洪莲主编. 教育政策法规解读及案例分析. 黑龙江教育出版社，2008. 04.）

案例2—13

2000年9月1日，赵某进入河南省某镇高级中学学习。赵某比较调皮，曾因违反学校纪律而被班主任批评教育。2000年11月20日，上数学课时，赵某又因不遵守课堂秩序与数学老师顶撞，数学老师将赵某交给班主任处理，班主任又将赵某交党支部书记处理，党支部书记对赵某进行了批评教育。此后，赵某被班主任送回家中，不准赵某继续回校上课。其后一连几天，赵某多次找学校要求返回学校上学，而学校虽未明确表示不让赵某上学，但也未明确表示同意赵某立即返回学校上学，而是把要求赵某向数学老师认错作为其返校的一个前提条件。赵某则认为数学课上与老师顶撞，并非全部是自己的过错，双方因此形

成分歧。赵某返校上学的问题不能马上得到解决，后诉至法院。

【案例分析】

确定停止学生上课是否合理恰当时，必须考虑以下因素：学生的年龄状况，学生在校的一贯表现，该违法乱纪行为的严重程度、频率及再发的可能性，认错悔改的态度等。如果学生的违纪行为频繁发生，严重影响了课堂秩序，为维护绝大多数学生的受教育权，将其与其他学生隔离，对其进行教育，这种情况下停止学生上课是恰当的，不能认为是侵犯学生受教育权的行为。否则，不应停止学生上课，可通过其他方式对学生进行教育，以保障学生上课学习的权利。案例中赵某系未成年人，且其在课堂上与数学老师顶撞的行为也未达到侵犯大多数学生受教育权的严重程度。因此，教师不应将赵某赶回家中，不让其上课，而应在适当时间、以适当的方式对其耐心教育、帮助，使其改正错误。

（案例来源：杨克主编．法律教育读本．沈阳出版社，2006．12．）

/ 教育行政法律救济 /

行政救济制度，是国家民主和法治的一个重要标志。法律是以人们之间发生的各种各样的社会关系作为自己的调整对象的。教育法调整的社会关系，主要涉及下述几个方面：行政机关与学校的关系、行政机关与教师的关系、学校与教职员工的关系、学校与学生的关系、学校与社会的关系等。这些关系尽管错综复杂，但依据其特征的不同大致可以分为两类，即具有纵向隶属特征的教育行政关系和具有横向平等性特征的教育民事关系。我国教育法所调整的社会关系，从当前看也仍是以教育行政关系为主。

教育行政法律救济的概念 /

教育行政救济，是指教育管理活动的相对一方当事人，因教育行政机关或其他管理部门的违法或不当行为，致使其行政法上的合法权益受到侵害时，请求国家有关机关予以补救的法律制度。教育行政救济是针对行政主体行使行政权力所产生的消极后果进行的一种法律补救，它是教育行政相对人在受到教育行政主体的不法侵害时所享有的全部救济和救济手段。由我国教育法律所确定和规范的行政救济，就构成我国的教育行政救济法律制度。

教育行政法律救济的特点 ／

行政救济作为《行政法》上的一项重要的法律制度，包含着极其丰富的内容。而教育行政救济的内容决定了教育行政救济具有如下几个特征：

1. 教育行政救济具有因行政相对人提起的补救性

教育行政救济由教育行政相对人提起，由有行政救济权的国家机关依法对教育行政主体的具体行政行为进行审查，实现对教育行政相对人损失的补救。教育行政救济主管机关的审查和补救行为是在相对人提起补救申请之后发生的。这种补救是责令责任主体通过不作为停止侵害或通过作为弥补其所造成的损失来实现的。教育行政救济的根本作用在于保护教育关系主体特别是教师、学生及学校在教育活动中的合法权益，这种保护作用是通过对合法权益确受损害者的补救来实现的。

2. 教育行政救济具有争讼性

教育行政救济是国家权力机关依法处理和裁决教育行政争议的过程。教育行政争议，也叫教育行政纠纷，是教育行政相对人认为行政主体的具体行政行为违法或不当而侵害其合法权益，不服行政行为所形成的法律争议。说其是争议，是因为究竟该行政行为是否违法或不当，仅是教育行政相对人一方的主观认定，因而表现为法律纠纷。国家机力关处理与裁决教育行政争议，成为教育行政救济制度的核心内容。然而，

教育行政救济过程中对行政争议的解决，不是平等地对双方当事人的行为均加以审查，而是以行政主体的行政行为是否合法与适当为主。另一方面，教育行政争议的解决是对行政主体行为的责任有无及大小的认定，如果行政主体给教育行政相对人造成了实际损害，则其对自己的违法或不当行为必须负相应的行政责任。这时的救济就转化为对行政责任的不同承担方式，如教育行政机关宣告不当行为无效、撤销和变更、停止侵害、返还权益等。因而，教育行政救济的整个过程，体现了行政争讼的解决过程。

3. 教育行政救济具有程序性

由于教育行政救济所要撤销或变更的行为是曾经具有法律公信力的行为，涉及的是管理者与被管理者的争执关系，因此各国法律往往对行政救济都规定了极为严格的程序法。通常做法是将行政机关救济的程序与司法机关行政救济的程序法相分离，我国《行政诉讼法》和《行政复议法》的制定实施正表明了教育行政救济的程序性，而且它和行政行为相比，行政救济的程序意义更为严格。通常，非经法定程序提起，有关机关不主动受理救济案件，行政救济不会自动发生；非经法定程序审理，不得认定行政主体之行为违法或不当，并进而承担行政责任。法律对行政救济的规范和调整，多是根据行政救济活动不是一次性活动，而是一系列活动过程的特点，从程序上加以规范，使行政救济成为依次连贯进行的法定的程序性活动，因此，也有人将“行政救济”称为是“程序性法律行为”。我国目前实行的《行政复议条例》、《行政诉讼法》以及一些教育法律、法规也都对教育行政救济的程序作出了明确规定。

教育行政法律救济的作用 /

教育法律救济在教育活动中的作用是多方面的，其中最主要的是具有保护教育权利、促进教育行政、推进教育法治的作用。

1. 教育法律救济是教育权利的重要保障。《中华人民共和国教育法》对教育法律关系主体，特别是教师、学生及学校在教育活动中的合法权益作出了明确规定，而这些权利的保障除了教育行政机关的依法行政和相对主体的依法办事外，教育法律救济则是受损害方的合法权益最终获得的法律保护。在教育行政法律关系中，行政主体与相对人之间处于领导与被领导、命令与服从的不平等地位。教育行政机关以管理者的身份行使国家授予的涉及相对人的人身权和财产权的行政执法权的公务活动。教育行政机关在执法过程中，若发生违法或不当行政行为，必将给相对人，即教师、学生和学校等教育主体的合法权益造成一定的实际损失。由于相对人处于被管理的不平等地位，无力直接对抗教育行政机关实施的违法或不当的具体行政行为，这就需要通过教育法律救济来平衡教育法实施中行政机关与相对人之间的法律地位的不平等关系。也就是说，当教师、学生及学校等教育主体的合法权益受到某种侵害时，只有通过法定的途径和手段，寻求教育法律救济，才能获得法律对其合法权益的真实的保护。在教育民事法律关系中，违法侵权方不自动依法对受害方给予补救的话，权益受到侵害的一方亦必须寻求法律救济，才能保护自身的合法权益。可见，教育法律救济对教育权利具有重要的保障作用。

2. 教育法律救济是对教育行政的重要制约。任何权力一旦失去制约便会产生腐败，教育行政权力亦不例外。国家教育行政机关及其工作人员行使教育行政权力时，因我国法制的不断完善而受到越来越合理和有效的制约。教育法律救济，是预防和控制国家教育行政机关及其工作人员的职务违法侵权行为，促进国家教育行政机关加强内部监督及其工作人员加强自律的一项制约机制。教育法律救济的起因主要是教育行政机关及其工作人员实施的违法或不当行政行为，并以行政行为人承担相应法律责任为结果，从而加重了教育行政机关及其工作人员的法律责任，促进其加强机关内部管理与行政监督，审慎行事，依法行政，确保教育行政活动的规范性、准确性与合法性。

可见，教育法律救济对教育行政具有预防和制约作用。

3. 教育法律救济是依法治教的重要标志。教育法律救济是现代法治国家民主和法制完善的表现，是国家对公民承担侵权责任进行补偿的方式。任何人都要为自己的行为承担法律责任，即使是国家机关的执法行为同样要承担法律责任。国家和政府同公民一样具有守法义务，在违法后同样要承担相应的法律责任是现代法治国家的重要标志之一。教育法律救济，在一定意义上说，就是国家对公民承担教育侵权责任的具体方式。随着教育法律体系的完善，我国已进入全面依法治教阶段。教育法律救济制度的建立，在加强各级权力机关对教育法律实施的监督，明确教育行政执法主体的法律责任，纠正教育行政机关的违法或不当的行为，保护教育法律主体的合法权益不受侵害，保障我国教育事业在法治轨道上正常有序地发展等有着重要的意义。可见，教育法律救济是全面依法治教的重要标志。

教育行政法律救济的方式 /

教育行政法律救济，是指教育管理活动的相对一方当事人（即被管理者），因教育行政机关或其他管理部门的违法或不当行为，致使其合法权益受到侵害时，请求国家有关机关予以补救的法律制度。教育行政法律救济是针对行政主体行使行政权力所产生的消极后果进行的一种法律补救。

教育法律救济的途径，是指在教育活动中合法权益受侵害方请求法律救济的程序。在我们国家，相关法律主体认为其合法权益受到侵害时，可以通过以下三种方式来寻求救济：

第一种是司法救济渠道。司法救济渠道是指通过法定诉讼制度寻求法律救济的途径。依据法律规定，受害人可通过现行的行政诉讼、民事诉讼、刑事诉讼的司法制度求得司法裁决，获得法律救济。

第二种是行政救济渠道。行政救济渠道，是指法律关系主体，尤其是公民、法人或其他组织认为具体行政行为直接侵害其合法权益，请求有权的国家机关依法对行政违法或行政不当行为实行纠正，并追究其行政责任，以保护行政相对人的合法权益的法律救济途径。我国有明确的行政申诉、行政复议和行政赔偿等形式的行政救济方式。行政申诉包括教育行政人员的一般申诉、教师的申诉、受教育者的申诉等。

第三种是其他方式。其他方式主要指通过教育组织内部机构以及其他民间渠道来实施的法律救济，包括教育调解制度、教育仲裁制度和教育监督制度等。随着教育法制的健全，其他的教育救济制度逐步建立与完善，教育法律关系的主体可以通过更多、更有效的途径来获得法律的救济。

近年来越来越多的教育法律、法规明确地规定了教师和受教育者享有申诉、复议、诉讼等权利，初步建立了我国教育行政救济的基本框架。此外，我国的不少地方也以地方立法的形式进一步规范和保障教育行政法律救济渠道的畅通。根据我国现行的有关法律、法规的规定，我国的教育行政法律救济的途径主要包括教育申诉、教育行政复议、教育行政诉讼以及教育行政赔偿。

教育申诉制度 /

《教师法》规定："教师对学校或者其他教育机构侵犯其合法权益的，或者对学校或者其他教育机构作出的处理不服的，可以向教育行政部门提出申诉，教育行政部门应当在接到申诉的三十日内，作出处理。""教师认为当地人民政府有关行政部门侵犯其根据本法规定享有的权利的，可以向同级人民政府或者上一级人民政府有关部门提出申诉；同级人民政府或者上一级人民政府有关部门应当作出处理。"《教育法》

也规定：受教育者“对学校给予的处分不服，向有关部门提出申诉，对学校、教师侵犯其人身权、财产权等合法权益，提出申诉或者依法提起诉讼。”此外，1995年国家教育委员会《关于开展加强教育执法及监督试点工作的意见》中专门强调要健全行政申诉制度，同时指出：“行政申诉制度是政府、教育行政部门依法处理教师、学生申诉要求的制度。”这些法律以及文件的规定表明，我国目前教育申诉制度主要包括教师申诉和学生（受教育者）申诉两类。同时，这些教育法律规定也是宪法关于公民享有申诉权利的规定在教育法律关系主体上的具体体现。

教育申诉的概念

申诉是指公民或其他组织成员依宪法、法律或组织章程所享有的权利，当受到侵害时，按照法定程序向国家机关或组织说明和诉说，请求处理。我国现行的法律规定了许多申诉制度，大体上可以分为两类，一类是诉讼性质的申诉制度，另一类是非诉讼性质的申诉制度。诉讼上的申诉，是指诉讼当事人或其他公民对已经发生法律效力的裁决或裁定不服，向人民法院或人民检察院提出要求重新处理的申诉。而非诉讼上的申诉制度是指不以发生法律效力的裁决、裁定为必要前提，当事人或其他公民不服处分、处罚，依法向司法机关以外的机构提出要求改正的申诉。正是由于它不以法律为必要前提，受理机关也不限于司法机关，因此，这种申诉制度较诉讼上的申诉制度范围更广。

教育申诉制度是指作为教育法律关系主体的个体及教育行政相对人，在其合法权益受到侵害时，向相应的国家行政机关申诉理由，请求处理或重新处理的制度。教育申诉制度是一种非诉讼形式的申诉，我国的教育申诉制度主要有教师申诉制度和学生申诉制度。近年来，随着教育权益纠纷的日益增多，教育申诉制度的地位逐步凸显，并成为法学界和教育界共同关注的焦点问题之一。为了使有关部门在处理教育纠纷案件时能有法可依，使教师、学生的合法权益得到有效的救济，需要在法律和制度上进一步对教育申诉制度加以研究。

案例2—14

某中学，因翻修校舍，急需一部分资金，1990年扣留了全体教师从7月份到9月份的全部工资款额共计4.32万元。全体教师对学校的行为极为不满，联名向教育行政部门提出申诉。

【案例分析】

《中华人民共和国教育法》第三十三条规定："国家保护教师的合法权益……教师的工资报酬、福利待遇，依法律法规的规定办理。"《中华人民共和国教师法》第七条第四款规定：教师享有"按时获取工资报酬、享有国家规定的福利待遇以及寒、暑假期带薪休假"的权利。要求学校马上归还扣留教师的全部工资。经县教育行政部门深入调查，查明该校拖欠教师3个月工资的情况属实。县教育行政部门责令该校及其责任人限期归还被挪用的教师工资，修建校舍的经费由该校另行解决。并决定对该校领导及其直接责任人员给予行政处分。

（案例来源：张维平主编《教育法学基础》，辽宁大学出版社，2008年399页）

教育申诉的特征

1. 提出教育申诉的主体是特定的，即教育申诉中的申诉人只能是认为自己的合法权益受到侵害的人。教师申诉制度的申诉人只能是依法取得教师资格的教师本人；教师由于身体状况或其他原因不能亲自到主管行政机关进行申诉时，也可以委托代理人代为申诉，代理人必须有教师本人的特别授权，并且是以教师本人的名义向主管机关提出申诉，其他人员无权提出。受教育者申诉制度的申诉人则只能是其合法权益受到

侵害的受教育者本人或其监护人。

2. 受理教育申诉的主体，应当是享有国家行政权力、能以自己的名义从事行政管理工作，并能独立承担由此所产生的法律责任的组织。教育工作是一种多层次的工作，需要各级人民政府、教育行政部门和其他有关部门共同履行各自的法定职责，以保护教育主体的合法权益。根据《教师法》第三十九条的规定，受理教师申诉的机关因被申诉主体的不同而有所区别：教师如果是对学校或其他教育机构提出申诉的，受理申诉的机关为其主管的教育行政部门；如果是对当地人民政府的有关行政部门提出申诉的，受理机关可以是同级人民政府或上一级人民政府对口的行政主管部门。这两类受理申诉机关均为国家行政管理机关，是代表国家对教师进行行政管理的机构，它们的职权是国家法律所赋予的，其行为也将直接影响到申诉人或被申诉人的权利及义务。而受理学生申诉的机关，从《教育法》的有关规定看，目前只能笼统地规定为“有关部门”，这里的“有关部门”根据实际情况，可能是学生所在学校或所在教育机构的上级主管部门，也可能就是学校指定或特别设立的专门受理学生申诉的部门。由于目前我国的学生申诉制度尚处于起步阶段，包括受理学生申诉的机关等问题，尚待通过实践逐步规范和完善。但无论是哪一个部门受理学生申诉，其资格都应符合作为一个行政主体的有关法律要求。

3. 教育申诉的范围比较宽泛，主要是《教师法》和《教育法》所规定的教育主体依法享有的各项权利。教育申诉制度的本质，在于补救教师、学生等教育主体受损害的合法权益。在教师申诉中，教师的权利是否被侵害，当然需要通过申诉后的查办程序才能予以确认，但教师只要认为学校或其他教育机构侵害了其合法权益的，就可以提出申诉。同时，教师对学校或其他教育机构作出的处理不服的，由于这类处理决定也有可能侵害了教师的合法权益，因而也可以提出申诉。但是，教师对当地人民政府的有关行政部门提出的申诉，则仅限于《教师法》第七条规定的教师应享有的六项权利即：进行教育教学活动，开展教育教学改革和实验；从事科学研究、学术交流，参加专业的学术团体，在学术活动中充分发表意见；指导学生的学习和发展，评定学生的品行和学业成绩；按时获取工资报酬，享受国家规定的福利待遇以及寒暑假期的带薪休假；对学校教育教学、管理工作和教育行政部门的工作提出意见和建议；参加进修或者其他方式的培训。

而对于受教育者的申诉范围，《教育法》则规定得比较宽，只要学生对学校给予自己的处分不服的或认为学校、教师侵犯其人身权、财产权等合法权益的，都可以提起申诉。这种规定对于维护教师、学生等教育主体在学校或其他教育机构中的合法权益十分有利。因为教师、学生的特定身份和其在教育教学活动中的地位，决定了当他们的合法权益受到侵害时，其本人无权采取强制手段制止或纠正侵犯行为，尤其是学生本人也不能采取拒绝履行决定的方式来补救自己。因而，我国的教育法律将教育申诉的范围规定得较为宽泛，是为这些特定的教育主体提供了切实的权利救济保障。

4. 从对教育申诉的处理看，教育主管部门、人民政府或有关行政主管部门对教育申诉的处理活动，是行使其行政职权的行为，并且其处理结果能够直接对申诉人和被申诉人产生法律后果，符合具体行政行为的要求。

由此可见，教育申诉制度是一项行政管理制度，也是一项特定的法律救济制度。

教师申诉制度

1. 教师申诉制度的概念

教师申诉制度，就是《教师法》所规定的为维护教师合法权益的行政救济制度，即教师在其合法权益受到侵害时，依照法律、法规的规定，向主管的行政机关申诉理由、请求处理制度。我国《教师法》第三十九条规定：“教师对学校或者其他教育机构侵犯其合法权益的，或者对学校或其他教育机构作出的处理不服的，可以向教育行政

部门提出申诉，教育行政部门应当在接到申诉的三十日内，作出处理。”教师认为当地人民政府有关行政部门侵犯其本法规定享有的权利的，可以向同级人民政府或者上一级人民政府有关部门提出申诉，同级人民政府或者上一级人民政府有关部门应当作出处理。这是《教师法》关于申诉权利规定在教师身上的体现。

2. 教师申诉制度的特征

第一，教师申诉制度是一项法定的申诉制度，它以《教师法》和《宪法》为依据。

第二，教师申诉制度是一项专门性的权利救济制度。它在宪法赋予公民享有申诉权利的基础上，将教师这一特定专业人员的申诉权利具体化。

第三，教师申诉制度是非诉讼的申诉制度。司法机关不能参与这一申诉过程。

3. 教师申诉的条件

《教师法》对教师可以申诉的条件规定得比较宽，主要有以下三种：

其一，教师认为学校或其他教育机构侵犯其《教师法》规定的合法权益的。所谓合法权益指《教师法》规定的教师在职务聘任、教学科研、工作条件、民主管理、培训进修、考核奖惩、工资福利待遇、退休等方面的合法权益。

其二，教师对学校或其他教育机构作出的处理决定不服的。

其三，教师认为当地人民政府的有关部门侵犯其《教师法》规定的合法权益的。

4. 教师申诉的程序

第一环节，提出申诉。教师提出申诉，应以书面形式为主。申诉书应载明申诉人的基本情况(姓名、年龄、住址等)，被申诉人的基本情况，申诉要求和申诉理由，申诉的证据。

第二环节，申诉的受理。根据《教育法》的规定，受诉机关接到申诉书后，应当分别情况，作出以下处理：①对符合申诉条件的应予以受理；②对不符合申诉条件的，可以答复申诉人不予受理；③对于申诉书的内容不详细的，可以要求重新补正。

第三环节，对申诉的处理决定。根据《教育法》的规定，行政机关对受理的申诉案件，应当进行全面的审查，依据不同情况，作出如下决定：①维持原处理结果。即学校或具体教育机构的管理行为符合法定权限和程序，适用法律、法规正确，事实清楚，可以维持原处理结果。②决定补正。即管理行为存在着程序上的不足，决定申请人补正。③决定限期改正。即对于被申诉人不履行法律、法规或规章规定的职责的，决定限期改正。④变更处理结果。即管理行为部分适合法律、法规，部分不适合的，可以变更其部分内容。⑤撤销原处理决定。即管理行为所依据的规章与法律法规相抵触的，可撤销其原处理决定。

学生申请制度

1. 学生申诉制度的概念和特点

学生申诉制度，是指学生在合法权益受到侵害时，依《教育法》及其他法律的规定，向主管的行政机关申诉理由，请求处理的制度。《教育法》第四十二条对学生申诉制度有明确规定，学生享有对学校给予的处分不服向有关部门提出申诉，对学校、教师侵害其人身权、财产权等合法权益提出申诉的权利。

学生申诉制度具有以下特征：

(1) 学生申诉制度同教师申诉制度一样，是法定的权利，是受《教育法》保护的一种制度。

(2) 学生申诉制度是一种特定性的权利救济制度。其本质在于补救学生受损害的合法权益。

(3) 学生申诉制度是一种非诉讼的法律救济的制度。学生申诉是教育法赋予学生维护自身合法权益的一项民主权利。

2. 学生申诉制度的具体内容

(1) 学生申诉的条件和范围

根据《教育法》的规定，学生申诉必须符合下列条件：

其一，学生对学校给予的处分不服的，包括学籍、考试、校规等方面，有权申诉。

其二，学生对学校侵犯其合法财产权利的可以提起申诉。这些财产权利主要包括学校乱收费，如文体费、补课费等。

其三，学生对学校侵犯其人身权利的，可以提起申诉。如学校变相体罚学生。

其四，学生对教师侵犯其人身权利和财产权利的可以申诉。

其五，学生对学校或教师侵犯其知识产权可以提出申诉。

(2) 学生申诉制度中的申诉人和被申诉人

学生申诉制度中的申诉人，主要指其合法权益受到侵害的受教育者本人或其法定代理人。被申诉人，一般指学生所在的学校或者其他教育机构、学校工作人员以及教师。

有关学生申诉制度的其他内容，如受诉机关、职权、申诉处理等，我国教育法律、法规尚没有明确规范，需要以后进一步完善。

案例2-15

张某系某工业学校1997级学生。在1997—1998学年度就读期间，经补考一学年累计四门课程不及格，学校按照本市教委《关于普通中等专业学校学生学籍管理办法(试行)》第三十五条(三)规定的“学生有下列情况之一者，应予退学，并发给退学证明：(三)经补考，一学年累计四门课程不及格者”，对该学生作出了按退学处理的决定。学校于8月30日在开学典礼大会上公布了留级生名单和因成绩原因退学的学生名单，并要求散会后退学的学生到学生科领取退学通知。其他同学分别顺利办理了退学手续。而张某在开学典礼后回到宿舍告诉同学她回家叫父母来校办理手续、拉回行李。张某约于上午11点离校，未到学生科领取退学通知。其家长于8月31日上午才来到学校，并且才得知张某已经回家，便收拾了行李，办理了退学和户口手续后离校。一周后，张某家长电话通知学校，张某未回家，到处寻找没有消息。学校协助其在学校附近寻找，并分别在报纸、电台刊登寻人启事，都无消息。在寻找张某期间，学校分别于1999年4月6日和9月15日借给该生家长人民币共5000元。经人调解学校与张某的父亲达成协议，学校从同情角度一次性补助张某家长人民币3万元(含原两次借款5000元)。而家长则表示今后对学校就张某一事不再通过任何方式提出任何形式的要求。

张某的父亲以自己的名义，于2000年5月向市教委提出申诉，请求撤销某工业学校于1999年8月30日给予张某的退学决定，恢复张某学籍，并给予补偿。教委于2000年6月作出《学生申诉处理决定书》(以下简称《处理决定》)，维持学校劝张某退学的决定。

【案情分析】

这是一起因学校开除学生学籍、令其退学后，学生失踪，学生家长进行申诉并提起行政诉讼的案件。本案涉及到的关键问题是关于失踪、教育申诉主体资格、提起行政诉讼主体资格以及行政赔偿等问题。

在本案中，受教育者是张某，只有她有资格向市教委提出申诉，然后对申诉处理决定不服，可以以自己的名义向法院提起行政诉讼。张某的父亲无权以其自己的名义向法院提起行政诉讼，根据《中华人民共和国行政诉讼法》第二十四条的规定，有权提起诉讼的公民死亡，其近亲属可以提起诉讼。

在本案中，张某的父亲请求市教委和建材学校共同赔偿的诉讼请求问题，因张某的父亲不是本案学生申诉行为的申诉人，其无权以自己的名义提起申诉或起诉。因张某失踪，其父亲为了寻找张某，确实投入了大量精力和财力。但是，张某失踪并非是市教委疏于管理造成的，市教委并不存在违法行政行为，张某的父亲要求市教委赔偿其经济损失的请求，不符合《中华人民共和国国家赔偿法》的规定。某工业学校依法享有法律授予的对学生进行学籍管理、颁发相应的学历证书等职责。其对张某作出的取消学籍、令其退学的决定，尚

未被确认违法，不能产生行政赔偿责任。张某失踪是否因某工业学校的行为所致，尚不能确定，因此，法院没有支持张某的父亲要求学校给予赔偿的请求。

（案例来源：李壑，李开发. 学校法律纠纷案例评析，群众出版社，2003年版）

案例2—16

张某原系某大学校医院的医师，1995年3月1日与校医院签订停薪留职承包协议，约定从1995年3月1日至1996年3月1日，张在院外从事医疗保健和科技工作事宜，每周四下午回校参加门诊工作和党组织活动半天。张某自1995年4月起每周四下午就不再回校工作，学校多次通知其遵守协议，返校工作半天，但张某置之不理。1995年9月，学校以书面形式通知张某解除停薪留职承包协议，要求张某立即回校上班，否则，按旷工处理。张某仍置之不理。1995年12月20日，某大学对张某作出“开除公职，收回现住房”的处理决定。张某在得知了该决定后即开始申诉和诉讼。张某曾于1997年7月以不服学校的处理决定为由，向法院提起民事诉讼，法院裁定不予受理；张某上诉至二审法院，二审法院驳回其上诉；张某又向法院申诉庭提出申诉，其申诉亦被驳回。

另，某大学原为某总公司主管的院校，因该总公司在1998年被解散，组建成某局，该学校划归某省主管，张某得知后，向省教委提出了申诉。省教委信访室于2000年4月28日作出了答复，认为根据1998年9月在省教委召开的接管国务院撤并部门所属院校人事工作会议的纪要第一条第一款规定，“1998年8月30日前各校遗留问题由原主管部门处理”。所以，张某所反映问题不属省教委的处理范围。为此，张某于2000年6月以某局为被告，向法院提起行政诉讼，要求某局履行行政复议的职责。法院以某局的法定职责不包括张某申请的事项为由，驳回了张某的起诉。

张某遂于2000年9月6日，以省教委为被告，起诉至法院，请求法院判决被告在限定期限内履行职责，承担不作为的法律责任，并请求法院责成被告依法撤销学校作出的决定。

【案情分析】

这是一起因解聘学校员工而引发的行政诉讼案件。本案关键问题在于张某与学校之间的纠纷是否属于民事诉讼审查范围；张某与学校之间的纠纷是否适用教师申诉处理办法；张某与学校之间的纠纷是否属于省教委的法定职责。

张某作为校医院副主任医师，他与学校之间存在的关系是一种聘用与被聘用关系。如果把这种聘用关系作为劳动关系来对待，那么就应该按照劳动法的规定来处理纠纷。也就是先由劳动仲裁部门来进行劳动仲裁，如果对劳动仲裁不服，再向法院提起民事诉讼，法院就作为民事案件来审理。而由于事业单位与其某职工之间的聘用关系并不明确，法院也就不可能作为民事案件来审理。《教师法》针对的是教师提出的申诉，张某作为学校医院的副主任医师，他与学校之间的纠纷不适用《教师法》，但适用国家教委发布的《高等学校校园秩序管理若干规定》。依此规定，此纠纷也应该由省教委处理。

（案例来源：李壑，李开发.学校法律纠纷案例评析，群众出版社，2003年版）

教育行政复议 /

教育行政复议的概念

所谓行政复议，是指公民、法人或其他组织不服某行政机关的具体行政行为，依法向作出该决定的上一级行政机关或法律、法规规定的其他行政机关提出申诉，由受理行政机关对引起争议的具体行政行为加以审查、认定和裁决的活动和制度。其目的在于监督行为，纠正违法、不当行政行为，及时解决行政争议，促进行政机关依法行使职权，保护公民、法人和其他组织的合法权益。

教育行政复议是指教育者、管理相对人认为教育行政机关作出的具体行政行为侵犯其合法权益，依法向作出该行为的上一级教育行政机关或法律、法规规定的其他

行政机关提出申诉，受理行政机关对该具体行政行为进行复查并作出裁决的活动和制度。

教育行政复议的特征

1. 教育行政机关的具体行政行为的存在和争议是教育行政复议的前提

行政机关在行使行政管理职能的过程中，可能会出现行政管理相对人对具体行政行为不服而引起争议。为了解决争议就有必要通过行政复议的途径予以解决。如果教育行政机关的具体行政行为没有发生，或者相对一方当事人对具体行政行为的处理没有争议，教育行政复议也就不会产生。由此可见，具体行政行为的存在和争议是教育行政复议的前提条件。

2. 教育行政复议是以相对人提出复议申请开始的

行政复议申请只能由行政管理相对人提出。因为对于教育行政机关而言，是代表国家行使教育行政管理职能的，有权直接作出行政决定或采取强制措施，而无需征得教育管理相对人的同意。对于教育管理相对人来讲，其权利不具有强制性的支配力，更无权采取任何强制他人的措施，如果对具体行政行为不服，只能通过一定的程序提请法律救济。如不提出复议申请，也就不会引起复议。

3. 教育行政复议机关对于相对人所不服的具体行政行为必须进行审查，并作出裁决

教育行政复议机关作为受理和审理行政争议案件并作出复议决定的机关，必须按照法定职权和程序，全面审查具体行政行为是否合法和适当，及时纠正违法或不当的行政行为，以使相对人的合法权益得以恢复和补救，这是法定义务。行政复议与信访的重要区别就在于行政复议机关对于复议中的问题有权处理，及时补救相对人的合法权益；而信访机构实际是上呈下转的信息机构，对于来访者反映的问题不一定都进行处理。

教育行政复议的范围

教育行政复议的范围，指教育行政复议机关受理行政复议案件的权限和界域，即教育行政相对人对教育行政机关作出的具体行政行为不服，认为侵犯其合法权益而向有关机关申请救济的范围。

根据我国《行政复议法》关于行政复议范围的规定，并结合我国教育行政管理的实际，我国教育行政复议的范围主要包括以下几方面：

1. 对教育行政处罚不服的

1998年3月6月，国家教委令第27号发布了《教育行政处罚暂定实施办法》。该《办法》第九条规定教育行政处罚的种类包括：警告；罚款；没收违法所得；没收违法颁发、印制的学历证书、学位证书及其他学业证书；撤销违法举办的其他教育机构；撤销教师资格；停考，停止申请认定资格；责令停止招生；吊销办学许可证；法律、法规规定的其他教育行政处罚。同时，该《办法》第三十一条第一款还规定，“当事人对行政处罚决定不服的，有权依据法律、法规的规定”，申请行政复议。可见，对教育行政处罚不服提起复议，是教育行政复议的范围中最重要的一类。

教育行政处罚权是教育行政机关执法职能的重要方面。我国从1996年10月1日起施行的《行政处罚法》就是全面规范行政机关的行政处罚行为的专门法律。由于教育行政处罚行为往往会直接影响公民、法人或者其他组织的人身权、财产权等切身权益，加之随着教育的多元化发展，教育行政机关职能在不断完善，教育行政机关实施行政管理的范围在不断扩大，实施教育行政处罚的机会也在不断增加。因此，由不服教育行政处罚引起的争议也在不断增多。

2. 对教育行政强制措施不服的

按照《行政复议条例》和《行政复议法》的规定，教育行政相对人对教育行政机

关对其财产的查封、扣押、冻结等行政强制措施不服的，可以申请复议。

3. 对教育行政机关作出的有关许可证、执照、资质证、资格证等证书变更、中止、撤销的决定不服的

我国的教育法律、法规将办学许可证审批和管理、教师资格的审批及教师资格证书的发放及管理等行政管理权限赋予各级教育行政机关。当教育行政机关在日常管理中认为管理相对人不符合法定的资格条件或者有违法行为发生时，可作出变更、中止或撤销相对人的办学许可证、教师资格证等处理决定。行政相对人对此不服的，可以申请复议。这一规定扩大了行政复议的受案范围，更有利于维护行政相对人的合法权益以及监督教育行政机关的依法行政。

4. 对教育行政机关因不作为违法的，可以请求复议救济

这类情况主要包括三个方面：

第一，教育行政相对人认为符合法定条件，申请教育行政机关颁发许可证、执照、资质证、资格证等证书，或者申请行政机关审批、登记有关事项，行政机关没有依法办理的。(《行政复议法》第六条第八项)在教育管理实践中，大量存在的教师申请教师资格证书、工厂申请教学仪器设备产品的生产许可证、民办学校申请办理审批、登记手续等，如教育行政机关在法定期限内未予办理完毕或无正当理由拒不办理的，相对人一方都有权依法提起复议救济。

第二，行政相对人申请教育行政机关履行保护人身权利、财产权利、受教育权利的法定职责，行政机关没有依法履行的(《行政复议法》第六条第九项)。

首先，教育行政相对人要提起此类行政复议应具备四个条件：①相对人人身权、财产权、受教育权正受到或即将受到实际的(非想象的)侵害；②相对人已向行政机关提出了排除侵害，保护其人身权、财产权、受教育权的请求；③被申请机关具有相应的法定职责；④行政机关拒绝履行或不予答复。

《行政复议法》的规定中，特别强调的行政机关应履行的法定职责中，对行政相对人受教育权利的保护是非常重要的一项。我们知道，受教育权是宪法规定的公民的基本权利，是公民的发展权的基础。《行政复议法》将对公民受教育权利的保护与对其人身权利、财产权利的保护一并规定为行政机关的法定职责。如果行政相对人申请有关行政机关履行其上述法定职责，而行政机关没有依法履行的，行政相对人可依法申请行政复议。

5. 行政相对人认为教育行政机关违法集资、征收财物、摊派费用或者违法要求履行其他义务的(《行政复议法》第六条第七项)

这一规定表明，行政相对人认为教育行政机关违反法定条件和法定程序，要求其履行义务的，可以申请复议。《行政复议法》特别列举了违法集资、征收财物、摊派费用等几种常见的违法要求相对人履行义务的行为，有利于实践中准确把握受案范围。

6. 认为教育行政机关侵犯合法的经营自主权的

在教育行政复议中，主要是校办企业作为行政相对人，认为教育行政机关侵犯其法律、法规规定的经营自主权，主要包括干预、限制、取消或截留其对财产享有的占有权、自主使用权、收益权及支配权等。

7. 认为教育行政机关的其他具体行政行为侵犯其合法权益的（《行政复议法》第六条第十一项）

案例2—17

1992年9月4日，某学校研究决定由该学校教师王某承包经营该校的音像部，学校与王某签订了租赁合同。1995年，学校以王某经营无方，未交清承包费和房租为由，扣除了王某1992~1995年的一年两个月的工资。根据租赁合同的约定，一年合同租赁期满后要续签合同。1996年元月，学校要求与王某续签，但王某执意不签，并提出停业，未得到校方同意。

1996年元月至12月，王某未交一年的房租，学校扣除其一年工资。之后，1997年1月至1999年8月停业期间，王某一直未交营业房和财产账目，也未在学校上班，未参加学校考核。1999年，学校根据《学校内部管理体制改革方案》，与王某签订了一年的"聘任协议书"。到2000年9月聘任期满，经学校考核领导小组审核，因王某1999年1月至8月未在学校上班，考核为不合格，不予调资，未被学校聘任。2002年3月13日，王某根据《教师法》第三十九条的规定(即"教师对学校或者其他教育机构侵犯其合法权益的，或者对学校或者其他教育机构作出的处理不服的，可以向教育行政部门提出申诉，教育行政部门应当在接到申诉的三十日内，作出处理")，向该学校的上级主管部门教育厅提出申诉，王某向学校的上级主管部门教育厅提出申诉，某教育厅对王某提出的申诉不予受理。2002年4月9日，王某以教育厅未履行法定职责为由，向省政府申请行政复议。省政府经审查，认为教育厅未依法履行教师法赋予的法定职责，遂根据《行政复议法》第28条第1款第2项的规定，作出责令教育厅履行法定职责的复议决定。

2002年6月，教育厅对王某的申诉进行了处理，作出了《关于对王某申诉问题的处理意见》，该处理意见认为："学校年终考核行为属学校内部管理行为，应由学校按有关规定办理。"王某对教育厅的处理意见不服，于2002年6月28日再次向省政府申请行政复议，认为教育厅没有依法进行考核，请求重新考核。省政府经审查认为：根据《事业单位工作人员考核暂行规定》中关于"事业单位在年度考核时设立非常设性的考核委员会或考核小组，在单位负责人的领导下，负责年度考核工作"的规定，教师的考核属于学校的职责。据此，省政府认定教育行政部门处理意见，事实清楚、适用依据正确，程序合法，内容适当，依法作出了维持教育厅处理意见的复议决定。

【案例分析】

本案中，王某先后两次申请行政复议。前者是对行政机关不作为申请行政复议，后者是对行政机关作出的具体行政行为不服申请复议。王某对学校作出的处理决定不服，有权提出行政复议，教育厅对王某的申诉不予受理，违反了《教师法》第三十九条的规定，没有依法履行法定职责，当地省政府复议后，作出了责令被申请人履行法定职责的复议决定。由于对教育行政部门作出的申诉处理意见不服，王某再次向省政府申请行政复议。经过审查，复议机关认为教师的考核是学校的职责，省政府认定教育行政部门作出的申诉处理意见，事实清楚、适用法律法规正确，程序合法，内容适当，因而作出了维持教育行政部门处理意见的复议决定。

（案例来源：张维平主编《教育法学基础》辽宁大学出版社，2008年。）

教育行政复议的程序

一般来说，教育行政复议的程序由以下几个环节组成。

申请

教育行政复议申请可以以书面形式提出，也可以口头申请。以书面形式申请时，申请人应递交申请书。申请书应载明以下内容：(1)申请人的姓名、性别、年龄、职业、地址等(法人或其他组织的名称、地址、法定代表人的姓名)；(2)被申请人的名称、地址；(3)申请复议的要求和理由；(4)提出复议申请的日期。

申请人口头申请的，行政复议机关应当场记录申请人的基本情况、行政复议请求、主要事实、理由和时间。相对人向主管机关提出复议申请，可以自知道该具体行政行为之日起60日内提出，法律法规另有规定的除外。

受理

复议机关在收到复议申请后，应当在5日内对申请人的资格和申请复议的条件认真加以审查，并对复议申请分别作出如下处理：(1)复议申请符合申请条件的，应予以受

理；(2)复议申请不符合申请条件的，不予受理并书面告知申请人；(3)对符合法律规定，但是不属于本机关受理的行政复议申请，应当告知申请人向有关行政复议机关提出。

复议机关无正当理由不予受理的，上一级行政机关应当责令其受理；必要时，上级行政机关也可以直接受理。

审理

行政复议原则上实行书面复议制度，但申请人提出要求或者复议机关认为必要时，可以向有关组织和人员调查情况，听取申请人、被申请人和第三人的意见。复议机关应当在受理之日起7日内将复议申请书副本或复议申请笔录复印件发送被申请人。被申请人在接到复议申请书或者复议申请笔录复印件之日起10日内，提出书面答复，并向复议机关提交作出具体行政行为的证据、依据和其他有关材料。被申请人逾期不答辩的，不影响复议。在复议决定作出之前，申请人经说明理由可以主动撤回申请。撤回行政复议申请的，行政复议中止。

决定

行政机关应当自受理申请之日起60日内作出行政复议决定，但法律另有规定的除外。行政复议机关是负责法制工作的机构，具体办理行政复议事项。它通过对被申请人作出的具体行政行为进行审查、提出意见，行政复议机关的负责人同意或集体讨论通过后，可以分别作出以下复议决定。(1)具体行政行为认定事实清楚，证据确凿，适用依据正确，程序合法，内容适当的，决定维持。(2)被申请人不履行法定职责的，责令其在一定期限内履行。(3)具体行政行为有下列情形(①主要事实不清、证据不足的；②适用依据错误的；③违反法定程序的；④超越或者滥用职权的；⑤具体行政行为明显不当的)之一的，决定撤销、变更，并可以责令被申请人在一定期限内重新作出具体行政行为。⑷被申请人不令被申请人在一定期限内重新作出具体行政行为。⑸被申请人不按照《行政复议法》的有关规定提出书面答复、提交当初作出具体行政行为的证据、依据和其他有关材料的，视为该具体行政行为没有证据、依据，决定撤销该具体行政行为。⑹申请人在申请行政复议时可以一并提出行政赔偿请求，行政复议机关对符合《国家赔偿法》的有关规定，应当给予赔偿的，在决定撤销、变更具体行政行为或者确认具体行政行为违法时，应当同时决定被申请人依法给予赔偿。申请人没有同时提出行政赔偿请求的，行政复议机关在依法决定撤销或者变更违法的具体行政行为时，应当同时责令被申请人返还财产，解除对财产的查封、扣押、冻结措施，或者赔偿相应的价款。(7) 执行。复议决定作出后，应当制作行政复议决定书，并加盖复议机关印章。复议决定书一经送达即发生法律效力。除法律规定终局的复议处，申请人对复议决定不服的，可以依法向人民法院提起行政诉讼。被申请人应当履行行政复议决定的。被申请人不履行或者无正当理由拖延履行行政复议的，行政复议机关或者有关上级行政机关应当责令其限期履行。对于申请人逾期不起诉又不履行复议决定的，或者不履行最终裁决的行政复议决定的，应分别情况予以处理：对于维持具体行政行为的行政复议决定的，由最初作出具体行政行为的行政机关依法强制执行，或者申请人民法院强制执行；对于变更原具体行政行为的行政复议决定，由行政复议机关依法强制执行，或者申请人民法院强制执行。

案例2–18

莲花镇地处山区，经济不发达，教育条件也相当落后，全镇仅有一所初级中学，所使用的教室还是20世纪50年代所建的平房，已相当破旧，一到下雨天就四处漏水，学生和家长们对此意见很大。为改变这种状况，2000年8月，镇政府决定筹资建设新校舍，所需资金除向县教委申请一部分，镇政府负责筹集一部分外，同时向每位在校学生集资300元，

规定在9月1日学生开学与学费一并交齐，否则不得上课。然而，到了9月下旬，仍有20余名学生未缴清300元集资费。镇政府在多次催告未果后，决定未缴清集资款的学生10月1日起不得进入教室上课。学生家长郑某由于有两个孩子在学校就读，经济负担很重，根本无力缴纳集资款，在其子遭受停学处理后，郑遂联合其他家长多次向上级反映情况，后经他人指点，于11月底向县教委提起行政复议。县教委未予受理，告知其应向县政府提起行政复议。县政府经审理后，作出复议决定：撤销镇政府不许未缴清集资款的孩子上学的决定，并允许这部分学生家长在一年内缴清集资款。

【案情分析】

在本案中，镇政府决定筹资建设新校舍，其初衷是好的，但决定向在校学生集资则于法无据，属于违法要求履行义务的行为，对非法集资行为，郑某等人可以自己的名义提起行政复议。此后镇政府又决定不许未缴清集资款的学生上课，这种行为侵害了学生依法受教育的权利。根据《行政复议法》第六条第十一项的规定：公民、法人或其他组织“认为行政机关的其他具体行政行为侵犯其合法权益的”，也可向行政复议机关提起行政复议。侵犯公民受教育的权利当然属于侵犯“合法权益”。就此，郑某等人可依据该项的规定，以其子女的法定代理人的身份，向县政府提起行政复议。应注意的是，县政府在复议决定中撤销镇政府不许未缴清集资款的孩子上学的行政复议决定固然是符合法律规定的，但其又“允许这部分学生家长在1年内缴清集资款”是没有法律依据的。既然镇政府的集资决定是违法的，就应一并予以撤销。

（案例来源：刘旺洪主编.《教育法教程》，南京师范大学出版社，2006年）

案例2—19

张某某系北京某中学教师，1988年在学校申报中学高级教师职务时，未能被推荐为高级教师。此后，在1991、1992年两年的职务评定中仍未能被推荐为高级教师。为此，张某某多次向市领导、直至中央领导及有关信访部门写信反映情况。1999年8月31日，市教委信访办公室针对张某某给有关领导的信件，作出书面答复：(1)张某某要求对1987年申报高级教师的申请重新进行认定，不符合规定的程序；(2)高级教师的评选经单位推荐，专家评议，市政府有关部门审定，未经上述程序，不存在落实高级教师称号的问题。张某某不服该书面答复，于10月10日向市政府提出行政复议。市政府于1999年10月15日，作出《行政复议申请不予受理决定书》，认定市教委根据张某某的要求解决其教师职称评定问题的答复，不符合《行政复议法》第六条规定的行政复议受理范围，根据《行政复议法》第十七条第一款的规定，决定不予受理。1999年，张某某不服该复议决定，以市政府为被告向人民法院提起诉讼，请求法院判决：(1)撤销不予受理行政复议决定书；(2)判令市政府责成市教委解决其职称评定问题；(3)赔偿其精神及物质损失。

【案例分析】

一审法院经审理认为，教师认为学校或者其他教育机构侵犯其合法权益，或者对学校及其他教育机构作出的处理决定不服，根据《教师法》的规定，可以向教育行政部门提出申诉。教师提出申诉，应当以书面形式向受理机关递交申诉书，申诉书应当载明规定的事项。张某某认为1988年中学高级教师职务评审侵犯了其合法权益，他应当在法定时间内，向有关教育行政机关递交申诉书，按申诉程序提出申诉。但张某某多年来一直以向领导及信访部门反映情况的形式反映自己的问题，未按照申诉程序进行申诉。1999年8月31日，市教委信访办公室给张某某的答复，没有给其设定具体的权利、义务，故该行政行为不属于《行政复议法》的受案范围。据此，市政府所作的不予受理行政复议的决定是正确的，应予支持。张某某请求判决市政府责成市教委依法解决其职称评定的问题不属于本案审理范围，其请求市政府赔偿精神损失和物质损失的理由缺乏事实和证据，不予支持。依照《行政诉讼法》第五十四条第一项规定，判决：一、维持市政府作出的不予受理行政复议决定书；二、驳回张某某的其他诉讼请求，诉讼费80元由张某某负担。

张某某不服一审判决，向第二审人民法院提起上诉，请求二审法院：撤销一审判决；撤销不予受理行政复议决定书；赔偿其精神和物质损失。

二审法院经审理认为，张某某对市教委信访办公室作出的答复不服，应按照当时尚未失效的《行政复议条例》规定的时间提起行政复议，即公民等应当在知道具体行政行为之日起15日内提出，而张某某在1999年10月10日提起复议申请，也超过了当时《行政复议条例》规定的期限，因此，市政府对其的复议申请做出不予受理的决定正确。二审法院据此维持了一审法院的判决。

（案例来源：李壑《学校法律纠纷案例评析》，群众出版社，2003年版，第168—170页）

教育行政诉讼 /

教育行政诉讼的概念

教育行政诉讼，是指教育行政管理相对人认为教育行政机关的具体行政行为侵犯其合法权益，依法向人民法院提起诉讼，请求依法给予补救的法律救济制度。教育行政诉讼是依据《中华人民共和国行政诉讼法》保护教育行政法律关系主体合法权益的法律救济手段，是一种涉及教育的行政诉讼。所谓行政诉讼，是指作为行政审判机关的人民法院、行政争议当事人和其他诉讼主体，通过司法程序解决行政争议所进行的诉讼行为和诉讼关系的总称。引起行政诉讼的前提是行政争议，即行政相对人同国家行政机关之间就行政机关具体行政行为的合法性发生的争议。在教育行政诉讼中，作为行政审判机关的人民法院，依法对教育行政机关的具体行政行为的合法性进行审查，维护和监督教育行政职权的依法行使，矫正或撤销违法侵权的教育行为，实施对相对人的合法权益给予法律保护的救济活动。

教育行政诉讼的特点

教育行政诉讼具有行政诉讼的被告恒定、诉权专属、标的确指、被告举证、不得调解等特征。

(1) 被告恒定，是指在教育行政诉讼中教育行政机关永远是被告，而不能当原告。且教育行政机关没有反诉权。

(2) 诉权专属，是指在教育行政诉讼中只有相对人享有法律赋予的诉讼权利，即教育行政诉讼的原告只能是相对人，而不能是教育行政机关。

(3) 标的确指，是指教育行政诉讼的标的，应当是教育行政机关作出的具体教育行政行为，其他行为均不能成为教育行政诉讼的标的。

(4) 被告举证，是指在教育行政诉讼中，作为被告的教育行政机关依法负有举证责任。《中华人民共和国行政诉讼法》规定："被告对作出的具体行政行为负有举证责任，应当提供作出具体行政行为的证据和所依据的规范性文件。"

(5) 不得调解，是指人民法院在审理教育行政诉讼案件时，不得采取调解作为审理程序和结案方式，而必须依照法定审判程序进行审理和判决。

教育行政诉讼与教育行政复议的关系

1. 两者的联系

教育行政诉讼和教育行政复议都是解决行政争议的基本途径。两者都以行政争议为处理对象，都是在行政管理相对人认为行政机关的具体行政行为侵犯其合法权益的情况下提出的，都是公民、法人或其他组织认为行政机关侵犯其合法权益时的补救手段。两者联系十分紧密，在有些情况下，行政复议是行政诉讼的前置程序，不经过行政复议便不能提起诉讼。

2. 两者的区别

(1) 性质不同。教育行政诉讼是人民法院的司法行为，教育行政复议是一种行

政行为。

(2) 受理机关不同。受理教育行政诉讼的机关是人民法院，教育行政复议的受理机关则是作出引起争议的具体行政行为的上一级教育行政机关或原处理机关。

(3) 适用程序不同。教育行政诉讼适用司法程序，实行两级终审制，程序严格。教育行政复议适用法定行政程序，实行一级复议制，原则上实行书面复议，程序简便、灵活。

(4) 审查范围不同。教育行政诉讼主要是对引起行政争议的具体行政行为合法与否进行审查。教育行政复议不仅对具体行政行为的合法性进行审查，还要对具体行政行为的适当性进行审查。

(5) 处理权限不同。教育行政诉讼对违法的具体行政行为除了显示公正的行政处罚外，人民法院原则上只能判决维持或者撤销，而不能变更。教育行政复议对违法的具体行政行为，复议机关不仅可以决定撤销，还可以决定变更。

(6) 审理结果效力不同。教育行政诉讼是解决行政争议的最终手段，人民法院一旦作出终审判决，当事人必须履行。教育行政复议除终局性复议外，不是解决教育行政争议的最终手段，申请人不服，还可向人民法院起诉。

教育行政诉讼的受案范围

教育行政诉讼受案范围，是指人民法院受理一定范围教育行政争议案件的权限，也就是确定法院与有权解决教育行政争议的机关，在处理教育行政争议案件方面的权限分工。

我国《行政诉讼法》首先在总则第二条概括规定：“公民、法人或者其他组织认为行政机关和行政机关工作人员的具体行政行为，侵犯其合法权益，有权依照本法向人民法院提起诉讼。”然后在第二章受案范围作了列举规定。具体规定人民法院受理以下八类行政案件：

(1) 不服行政处罚的案件。

(2) 不服行政强制措施的案件。

(3) 认为行政机关侵犯法律、法规规定的经营自主权和承包权的案件。

(4) 认为符合法定条件申请行政机关颁发许可证和执照，行政机关拒绝颁发或者不予答复的。

(5) 申请行政机关履行保护人身权、财产权的法定职责，行政机关拒绝履行或者不予答复的。

(6) 认为行政机关没有依法发给抚恤金的。

(7) 认为行政机关违法要求履行义务的。

(8) 认为行政机关侵犯其他人身权、财产权的。

依《行政诉讼法》第十一条第二款规定，除前款规定外，人民法院受理法律、法规规定可以起诉的其他行政案件。

《行政诉讼法》第十二条规定了人民法院不予受理的事项。依照该条规定，人民法院对因下列事项提起的诉讼，不予受理：

(1) 国防、外交等国家行为。

(2) 行政法规、规章或者行政机关制定、发布的具有普遍约束力的决定、命令。

(3) 行政机关对行政机关工作人员的奖惩、任免等决定。

(4) 法律规定由行政机关最终裁决的具体行政行为。

教育行政诉讼的受案范围和不受理事项均与上述行政诉讼的受案范围和不受理事项相同。

教育行政诉讼的程序

教育行政诉讼的程序，包括起诉和受理程序、第一审程序、上诉审程序、审判监

督程序和执行程序等。

起诉和受理

起诉，即提起诉讼，是指相对人认为行政机关和行政机关工作人员的具体行政行为侵犯了自己的合法权益，依法向人民法院提出诉讼请求，要求人民法院作出审查和裁判的行为。(1) 起诉为侵犯其合法权益的公民、法人或者其他组织；(2) 有明确的被告，即被告必须是作出具体行政行为的行政机关；(3) 有具体的诉讼请求和事实根据；(4) 属于人民法院的受案范围和受诉人民法院管辖。起诉应采取书面方式，对于有书写困难的，也可以采取口头方式。起诉应依法定期限进行：起诉前先行复议的，应在收到复议决定书之日起15日内起诉，如果复议机构逾期不作决定，相对人应在复议期满之日起15日内起诉；直接向人民法院提起诉讼的，应当在作出具体行政行为之日起3个月内起诉。

受理，是指人民法院对起诉人的起诉合法性进行审查，确认符合法定的起诉条件，决定立案予以审理的行为。人民法院收到起诉状后，应在7日内审查立案或作出不予受理的裁定。审查是依照行政诉讼法及有关法律的规定，对起诉条件等内容进行核查。经过审查，认为起诉符合法定条件的，应当立案。认为起诉缺乏必要理由的，应当裁定不予受理。起诉人对裁定不服的，可以提起上诉。

第一审程序

第一审程序，是指人民法院对初次审理的行政案件适用的法定方法步骤和其他条件。诉讼管辖对各级人民法院审理第一审案件的范围作出了规定。人民法院在开庭审理前应做好组成合议庭和交换诉状两项准备工作。合议庭由三人以上单数的审判员，或者审判员和陪审员组成，这是案件审理的组织前提。交换诉状，是指人民法院应当在立案之日起5日内，将起诉状副本发送被告；被告应当在收到起诉状副本之日起10日内，向人民法院提交作出具体行政行为的有关材料，并提交答辩状；人民法院应当在收到答辩状之日起5日内，将答辩状副本发送原告。被告若不提出答辩状，不影响人民法院审理。

人民法院审理教育行政案件，除涉及国家秘密、个人隐私和法律另有规定外，实行公开审判。开庭审理，一般经过开庭前准备、宣布开庭、法庭调查、法庭辩论、合议庭评议、公开宣判等阶段。在审理过程中，经人民法院两次合法传唤，原告无正当理由拒不到庭的，视为申请撤诉；被告无正当理由拒不到庭的，可以缺席判决。原告自愿申请撤诉，或因具体行政行为已改变而申请撤诉的，是否准许由人民法院裁定。

上诉审程序和审判监督程序

上诉审又称第二审，即上一级审判机关按照法律规定，根据在法定期限内当事人提起的上诉，对下一级审判机关审理完毕的案件及其所作的未生效的裁判进行审理。上诉权是法律赋予当事人的一项诉讼权利，当事人依法提起上诉即可引起第二审程序发生。但是，提起上诉应具备下列条件：(1)必须是法定的上诉人和被上诉人，即与可上诉的裁判有法律上利害关系的个人或组织；(2)必须有法律允许提起上诉的对象，即地方各级人民法院第一审未发生法律效力的判决或裁定；(3)必须在法定期限内上诉；(4)必须递交上诉状和交纳诉讼费用。以上条件同时具备，上诉即可成立。

审判监督程序，简称再审程序，是指人民法院对已经发生法律效力的判决和裁定，发现在认定事实和适用法律上有错误，依法进行重新审理的制度。再审程序由人民法院或人民检察院依法提起。当事人对于已经生效的判决或裁定不服，可以通过申诉引起人民法院或人民检察院对申诉的案件进行审查，若符合再审条件，则由法院决定或检察院抗诉引起再审程序的发生。

行政案件的执行程序

行政案件的执行程序，是指人民法院的执行组织或其他有关行政机关依照法律规定，适用法定特殊手段，强制义务人履行已经生效的人民法院裁判以及有关行政机关所确定的义务的法定程序。当事人必须履行人民法院发生法律效力的判决、裁定。公民、法人或者其他组织拒绝履行法院裁判的，行政机关可以向第一审人民法院申请强制执行，或者依法强制执行。行政机关拒绝履行法院裁判的，第一审人民法院可以采取以下措施：(1)划拨应付款项，即对应当支付的应退罚款和赔偿金，通知行政机关开户银行直接拨付；(2)处以延滞履行执行罚款，即对在规定期限内不履行的行政机关，从期满之日起按日处50元至100元的罚款；(3)向有关机关提出司法建议，即对该行政机关有监督责任的行政机关发出司法建议，希望监督机关促成履行；(4)追究刑事责任，是指人民法院对拒绝履行义务，情节严重的行政机关的主管人员和直接责任人员通过刑事诉讼程序追究其刑事责任。

教育行政诉讼的判决

教育行政诉讼的判决，是指人民法院依法对教育行政争议涉及的实体的权利义务作出的司法决定。这是行政判决的一种表现形式。行政判决包括一审判决和二审判决。

一审判决有以下五类：维持判决、撤销判决、重新判决、履行判决、变更判决。

(1)维持判决，是指人民法院经过审理，认为行政机关作出的具体行政行为认定事实清楚，证据充分、确凿，适用法律、法规正确，从而驳回当事人的诉讼请求，确认具体行政行为合法的判决。

(2)撤销判决，是指人民法院确认具体行政行为存在法定缺陷，不能取得法定效力，将其全部或部分撤销的判决。撤销判决只是对争议的具体行政行为的撤销，包括全部撤销具体行政行为、部分撤销具体行政行为，撤销原具体行政行为并责令被告重新作出具体行政行为。

(3)重新判决，是指人民法院依照法律和事实要求被告重新作出具体行政行为的判决。重新判决必须以撤销判决为前提，而撤销判决不一定要求重新作出具体行政行为。

(4)履行判决，是指人民法院作出的要求行政机关在一定期限内履行法定职责的判决。《行政诉讼法》规定，行政机关不履行或者拖延履行法定职责的，人民法院可判决其在一定期限内履行。

(5)变更判决，是指人民法院在行政案件的审判中，对显失公正的行政处罚案件作出变更的判决。显失公正是指行政处罚在形式上并不违背法律、法规的规定，但在实际上则与法律的精神相违背，明显不公正地损害了社会或个人的合法利益。

二审判决有以下两类：一，维持原判；二，依法改判。第二审判决的根据和理由与第一审判决的根据和理由有所不同，其不但要以当事人之间的法律关系的客观事实为依据，而且还要以第一审判决是否正确为依据。人民法院对上诉案件，经过审理，依照法律的规定和实际依据，可作出维持原判的判决或依法改判的判决。

案例2—20

1996年2月29日，原告北京科技大学物理化学系94级（二年级）学生田永在参加电磁学课程补考过程中，随身携带写有电磁学公式的纸条在去厕所时掉出，被监考教师发现，当即停止了田永的考试。北京科技大学于同年3月5日按照学校“068号通知”的规定，认定田永的行为是考试作弊，决定对田永按退学处理，并于4月10日填发了学籍变动通知。但是，北京科技大学有关部门没有直接向田永宣布处分决定和送达变更学籍通知，也未办理退学手续。田永继续在该校以在校大学生的身份参加正常学习及各项活动。同年9月，北京科

技大学还为田永补办了丢失的学生证。其后，北京科技大学每学年收取田永交纳的学费，并为其注册、发放大学生补助津贴，安排参加毕业实习设计和各种考试。田永在校学习4年中，成绩合格，通过毕业实习、设计及论文答辩（毕业论文被评为优秀论文，毕业总成绩全班第9名）。1998年6月，在毕业前夕，北京科技大学有关部门认定田永不具有学籍，拒绝为其颁发毕业证、学位证。田永向学校申诉未果，遂起诉到法院。法院审理判决被告向原告颁发毕业证书并召开会议审议原告的学位问题。

【案情分析】

判决书中，法院认为："在我国目前情况下，某些事业单位、社会团体虽然不具有行政机关的资格，但是法律赋予它行使一定的行政管理职权。这些单位、团体与管理相对人之间不存在平等的民事法律关系，而是特殊的行政管理关系。""另一方面，按退学处理，涉及到被处理者的受教育权利，从充分保障当事人权益的原则出发，作出处理决定的单位应当将处理决定直接向被处理者本人宣布、送达，允许被处理者本人提出申辩意见。北京科技大学没有照此原则办理，忽视当事人的申辩权利，这样的行政管理行为不具有合法性。"

（案例来源：钟会兵. 法律的误用与事实的偏差——从两个典型案例看教育行政诉讼的两点缺失 [J]. 河北法学，2004年08期）

案例2-21

1992年9月，刘燕文开始在北大无线电电子学系攻读博士学位。由于实验仪器未能准时到位，刘燕文有关实验未能及时完成，其论文推迟半年才答辩。对于刘燕文的博士论文——《超短脉冲激光驱动的大电流密度的光电阴极的研究》经过了三个审查程序：其一是博士论文答辩委员会审查（7位委员全票通过）；其二是北大学位评定委员会电子学系分会审查（13位委员中12票赞成，1票反对）；其三是北大学位评定委员会审查（学位评定委员会共计21位，到场16位委员，6票赞成，7票反对，3票弃权）。北大据学位评定委员会的审查结果，决定不授予刘燕文博士学位和毕业证书，只授予其博士结业证书。这一决定未正式、书面通知刘燕文。刘燕文曾多次向有关部门询问、反映未果。1997年他向法院起诉，法院以"尚无此法律条文"为由不予受理。

【案情分析】

法院判决书中写道："因校学校委员会作出不予授予学位的决定，涉及到学校申请者能否获得相应学校证书的权利，校学校委员会在作出否定决议前应当告知学位申请者，听取学位申请者的申辩意见；在作出不批准授予博士学位的决定后，从充分保障学位申请者的合法权益原则出发，校学位委员会应将此决定向本人送达或宣布。本案被告校学校委员会在作出不批准授予刘燕文博士学位前，未听取刘燕文的申辩意见；在作出决定之后，也未将决定向刘燕文实际送达，影响了刘燕文向有关部门提出申诉或提起诉讼权利的行使，该决定应予撤销。"

（案例来源：钟会兵. 法律的误用与事实的偏差——从两个典型案例看教育行政诉讼的两点缺失 [J]. 河北法学，2004年08期）

案例2—22

原告杨某系原北京甲中学教师，于1993年11月调入北京乙中学。1996年7月4日向被告某区教育局提出申诉。反映其在甲中学工作期间，校长对英语教师刘某在期中考试中的漏题行为持放纵态度，其在无奈调离学校时校长又于1993年11月让其交纳200元责任费；反映其现在在乙中学工作期间，学校不及时补发结构工资，打击报复，不及时提供教具，在1994年至1995年未普调一级工资，要求某区教育局就上述问题作出处理，令甲中学及乙中学领导向其赔礼道歉，赔偿损失，甲中学应退还其200元钱，填写教师考核表，补发工资。某区教育局在接到原告的申诉后未作处理。1996年8月16日，原告向某区人民法院提出行政诉

讼，要求被告某区教育局履行法定职责。1996年11月15日，某区法院作出判决：要求被告于本判决生效后30日内对原告杨某关于在乙中学工作期间与本校发生纠纷的申诉作出处理决定。1996年12月30日，被告作出了“对杨某申诉的处理意见”，认为：根据杨某在乙中学期间的工作表现，该校对其工资和考核问题的处理，是妥当的。是符合《中华人民共和国教师法》第十七条、第二十二条和第二十四条之规定的。对杨某在申诉中所提出的其他问题，经调查二十四条之规定的。对杨某在申诉中所提出的其他问题，经调查了解，有的缺乏事实依据，有的学校已经做过妥善处理。未普调工资是因为连续两年考核不合格，根据《中华人民共和国教师法》第五条之规定，由乙中学继续对其做工作。1997年1月10日原告杨某以被告没有认真履行法定职责为由，不服被告作出的“对杨某申诉的处理意见”，向某区法院提出行政诉讼。1997年4月28日，该区法院经审理认为：根据《北京市教师申诉办法》第三条规定之精神，教师对申诉处理决定不服的，应向原受理申诉机关隶属的人民政府申请复核，故原告对被告的申诉处理意见的起诉，不符合行政诉讼的受案范围。依照《中华人民共和国行政诉讼法》第四十一条第(四)项的规定，裁定驳回原告的起诉。1997年5月4日，原告不服一审裁定，向该市中级人民法院提起上诉。1997年7月18日，该市中级人民法院作出终审裁定，认为：上诉人杨某上诉认为某区教育局所作对其申诉的处理意见侵权，可该区教育局并未对上诉人直接作出过处理决定，而是对其与所在学校纠纷的申诉提出处理意见。按照《北京市教师申诉办法》第六条规定，对教育行政机关所作申诉处理意见不服可向原受理申诉机关隶属的人民政府申请复核，故上诉人所述内容不属于行政诉讼受案范围，原审法院驳回杨某的起诉是正确的，应予维持。依照《中华人民共和国行政诉讼法》第四十一条第(一)项规定，裁定驳回杨某的上诉，维持原裁定。

【案情分析】

本案是一起教育行政诉讼案件。《教师法》第三十九条明确规定：“教师对学校或者其他教育机构侵犯其合法权益的，或者对学校或者其他教育机构作出的处理不服的，可以向教育行政部门提出申诉，教育行政部门应当在接到申诉的三十日内，作出处理。”因此，本案教师杨某认为甲中学和乙中学侵犯其合法权益，向区教育局申诉时，区教育局就负有依法处理的法定职责。区教育局应当履行法定职责而不履行，法院判决被告区教育局限期对杨某的申诉作出处理决定是正确的。体事项作出的有关该公民、法人或者其他组织权利义务的单方行为。本案被告对原告申诉的处理意见只是具体行政行为的一个步骤或阶段。根据原《北京市教师申诉办法》第六条的规定，教师对申诉处理决定不服的应向受理申诉机关隶属的人民政府申请复核。因此，被告对原告申诉所作处理意见对杨某不具有约束力，不影响杨某的权利义务，只有在杨某不服，并由区政府复核后的处理决定才对杨某有约束力，才实际影响杨某的权利义务，才是实施终了的具体行政行为，也才能接受司法审查。在被告所作的处理意见未经复核之前，杨某无权对该处理意见请求司法审查，法院也无权过早干预行政纠纷，相反应给行政机关提供一个自我纠正的机会。本案法院裁定驳回原告的起诉是正确的。

（案例来源：陶春辉主编. 学校法律纠纷案例评析. 群众出版社，1999年第1版）

教育行政赔偿 /

教育行政赔偿的含义

教育行政赔偿，是指教育行政机关及其工作人员在执行职务过程中，侵犯了公民、法人或其他组织的合法权益并造成损害，依照法律规定，由国家承担损害赔偿责任的制度。它具有以下特点。

(1) 是由教育行政机关及工作人员的行政侵权行为而引起

教育行政赔偿只能是教育行政机关及其工作人员在执行职务、行使行政管理职权时，侵犯了相对人的合法权益而引起的。换言之，教育行政赔偿以教育行政机关及其工作人员违法行使职权为前提。

(2) 是针对教育行政侵权行为给管理相对人造成的损害给予的赔偿

教育行政赔偿以侵害公民、法人和其他组织的合法权益且造成损害为条件。这种赔偿不同于因行政机关及公务员的合法行为所引起的行政补偿。在某些特定情形下，虽然国家依法对行政机关及公务员合法执行职务行为造成的损失负责补偿，但这种补偿与违法行为造成的赔偿有着本质的不同，在行政机关及其公务员合法行使管理职权的前提下，不会构成行政赔偿。

(3) 教育行政赔偿主体是国家

教育行政赔偿是由国家承担赔偿责任，即由国家予以赔偿。因执行职务过程中发生的教育行政侵权行为，由国家向受害者承担赔偿责任，这是由于该项责任的发生是由国家权力的运用所致。行政机关作为国家意志的执行机关，与国家是一体的，因而国家责任直接的承担形式，是以行政机关代表国家并以国家名义对受害者承担赔偿责任的。教育行政赔偿作为国家赔偿与民事赔偿有所不同。民事赔偿责任是基于民事法律规范而发生的，是一般民事主体违反民事法律规范的结果；教育行政赔偿是基于行政法律规范而发生的，是教育行政机关及其工作人员违法行使行政权力的结果。民事赔偿中，承担赔偿责任的主体是侵权行为人，可以是公民，也可以是法人，当教育行政机关以法人身份从事民事活动发生侵权行为时，就以法人身份代表自己承担民事侵权赔偿责任；教育行政赔偿的主体则是国家，是由行政机关代表国家承担赔偿责任。就承担赔偿责任的方式而言，民事赔偿方式主要包括制止性方式、补偿性方式和处罚性方式等；教育行政赔偿的主要方式主要是金钱给付；有时也辅之以其他补偿性方式。

教育行政赔偿的构成要件

一般而言，教育行政赔偿责任的构成，须具备下列要件。

(1) 有损害事实的存在

这里讲的事实必须是已经发生的客观存在的事实。损害是指教育行政机关及其工作人员的行为侵犯了相对人的财产权、人身权等合法权益并给受害人带来的实际损害。对人身权的损害，包括对人身自由权和生命健康权的损害。对人身自由权的损害主要包括行政执法行为中的违法拘留、劳动教养、扣留、收审等和执行公务中的非法拘禁、扣押等。对生命健康权的损害，主要表现为因国家侵权行为致使公民身体受到损害或者死亡。对财产权的损害，主要包括行政行为中违法罚款、吊销许可证和执照、责令停产停业、没收财物、违法征收财物、摊派费用等。损害事实客观存在，是构成教育行政赔偿责任的前提条件。

(2) 职务行为主体

根据《国家赔偿法》的规定："教育行政赔偿的职务行为主体包括国家教育行政机关及其工作人员以及受教育行政机关委托执行公务的组织成员。"教育行政赔偿的义务机关是国家教育行政机关，但它可以对违法执行职务的公务员追究法律责任。

(3) 损害事实是由职务违法行为造成的

职务的违法行为是指在行使国家职权过程中发生的违反国家法律法规的行为。职务行为主体的行为具有违法性，是构成教育行政赔偿责任的必要条件之一。这里所讲的违法性，是指具体行政行为主要证据不足，适用法律、法规错误，违反法定程序，超越、滥用职权以及职务行为主体拒不履行法定职责等。行政机关及其工作人员的具体行政行为，如系合法，纵使造成损失，也不是行政赔偿。

(4) 损害事实与教育侵权行为有因果关系

因果关系是责任主体对损害承担责任的基础。这里所言的因果关系，指的是直

接因果关系，即行为与结果之间存在着逻辑上的直接的关系。没有这种因果联系的存在，国家就没有赔偿义务。

教育行政赔偿的范围

教育行政赔偿的范围，适用我国《中华人民共和国国家赔偿法》及《中华人民共和国行政诉讼法》规定的范围。目前，我国行政赔偿，即国家赔偿的范围，仅限于违法行政行为对受害人的人身权利和财产权利的侵犯方面。对此，《中华人民共和国国家赔偿法》作出了明确的规定。

侵犯人身权承担行政赔偿的范围，《中华人民共和国国家赔偿法》第三条规定："行政机关及其工作人员在行使行政职权时有下列侵犯人身权情形之一的，受害人有取得赔偿的权利：(1)违法拘留或者违法采取限制公民人身自由的行政强制措施的；(2)非法拘禁或者以其他方法非法剥夺公民人身自由的；(3)以殴打等暴力行为或者唆使他人以殴打等暴力行为造成公民身体伤害或者死亡的；(4)违法使用武器、警械造成公民身体伤害或者死亡的；(5)造成公民身体伤害或者死亡的其他违法行为。"

侵犯财产权承担行政赔偿的范围，《中华人民共和国国家赔偿法》第四条规定："行政机关及其工作人员在行使行政职权时有下列侵犯财产权行为之一的，受害人有取得赔偿的权利：(1)违法实施罚款、吊销许可证和执照、责令停产停业、没收财物等行政处罚的；(2)违法对财产采取查封、扣押、冻结等行政强制措施的；(3)违反国家规定征收财物、摊派费用的；(4)造成财产损害的其他违法行为。

此外，《中华人民共和国国家赔偿法》还规定，行政机关及其工作人员与行使职权无关的个人行为；因公民、法人和其他组织自己的行为致使损害发生的；法律规定的其他情形造成损害的，国家不承担赔偿责任。这是行政赔偿范围的除外条款，应当予以注意。以上列举的《中华人民共和国国家赔偿法》关于赔偿范围的规定，适用各种行政赔偿，教育行政赔偿的范围也包含在内。在请求具体的教育行政国家赔偿时，应适用其中有关规定。

教育行政赔偿的程序

我国的行政赔偿程序由非诉讼程序与诉讼程序两个部分组成。原则上讲，赔偿请求人必须首先向行政赔偿义务机关提出赔偿要求，先由行政赔偿义务机关通过行政程序予以解决。这里，赔偿请求人是指依照《中华人民共和国国家赔偿法》的规定，有权要求国家赔偿的受害人。赔偿义务机关是指代表国家具体承担赔偿义务的行政机关及有关机构。只有在行政赔偿义务机关不接受、不理睬申请人的赔偿要求，或者行政赔偿请求人对赔偿数额有异议的情况下，行政赔偿请求人再向人民法院提出诉讼，请求予以裁决。

(1) 赔偿申请的提出

赔偿请求人向教育行政机关请求赔偿，应当递交"行政赔偿申请书"，以及有关的证据材料。申请书应当载明下列内容：

①受害人的姓名、性别、年龄、工作单位和住所，法人或者其他组织的名称、住所和法定代表人或者主要负责人的姓名、职务；

②具体的要求、事实根据和理由；

③赔偿义务机关；

④申请的年、月、日。

赔偿请求人书写有困难的，可以委托他人代书，也可以口头申请，由赔偿义务机关记入笔录。

(2) 赔偿申请的处理

赔偿义务机关收到请求赔偿的申请后，应予以审查。审查的内容主要包括：是否符合行政赔偿的要件；申请书的内容和形式是否符合要求；申请人所要求的赔偿之损害是否确系职务行为主体的违法行为所造成；申请人的赔偿请求是否属于《中华人民共和国国家赔偿法》所规定的赔偿范围。经过审查，对于符合受理条件的，应作出决定予以受理。对于不符合受理条件的，则不予受理，但应告知申请人不予受理的原因。

赔偿义务机关经过审查确认行政赔偿申请符合赔偿条件后，应立即与请求人进行协商。双方就赔偿问题意见统一后，应制作具有法律效力的"赔偿协议书"，对赔偿方式、金额、履行的期限等作出规定，并在收到申请之日起两个月内，依照赔偿协议书之规定给予赔偿。赔偿义务机关逾期不赔偿或者赔偿请求人对赔偿数额有异议

的，赔偿请求人可以自期间届满之日三个月向人民法院提出诉讼。

根据《中华人民共和国国家赔偿法》的规定，赔偿义务机关赔偿损失后，应当责令有故意或者重大过失的工作人员，或者受委托的组织或者个人承担部分或者全部赔偿费用。对有故意或者重大过失的责任人员，有关机关应当依法给予行政处分；构成犯罪的，应当依法追究刑事责任。

案例2—23

王某、李某、张某是某小学二年级学生。某日课间孩子们在玩耍时，王某被李某、张某推倒摔伤。班主任教师立即将王某送往医院治疗。经诊断，王某为右肱骨低位髁上骨折。王某痊愈后向法院提出伤残鉴定申请。经市中级人民法院法医鉴定，王某被评定为十级伤残。王某家长遂将学校及李某、张某的法定监护人起诉到法院，要求对其伤害行为承担赔偿责任。后几方当事人就赔偿问题发生争执，遂成纠纷。

【案情分析】

王某及李某、张某在伤害行为发生时均不满十岁，属于无民事行为能力人。三人在学校学习期间，学校负有监护职责，但事故发生在课间活动期间，且具有突然性，事故发生后，班主任教师立即将王某送到医院并积极为之进行治疗，已尽到了合理的监护职责。但该小学教师应知学生玩耍时有出现危险的可能，而对此采取的管理及防范措施不够，对事故的发生有一定的过错，应承担相应的赔偿责任。被起诉人李某、张某的父母作为其子女的法定监护人，对其子女的过失行为给他人造成的伤害后果，应承担赔偿责任。

我国《最高人民法院关于审理人身损害赔偿案件适用法律若干问题的解释》第七条规定：对未成年人依法负有教育、管理、保护义务的学校、幼儿园或者其他教育机构，未尽职责范围内的相关义务致使未成年人遭受人身损害，或者未成年人致他人人身损害的，应当承担与其过错相应的赔偿责任。本案中，学校对学生玩耍时出现的危险应该有所警惕，要采取适当的防范措施，因此学校应对其不作为的过错行为承担适当的赔偿责任。

（案例来源：伍新春，张军主编．教育理论综合（下）．首都师范大学出版社，2008年）

案例2—24

1996年4月20日晚上10时30分，某中学教工宿舍大楼前空地上，一辆本田125C摩托车突然“轰”的一声燃起了大火。起火后，宿舍内教工及家属纷纷出来救火，火很快被扑灭了，但摩托车已被烧毁。该摩托车因何会起火燃烧呢？教师及家属们议论纷纷。此时，有人说：“此摩托车是四楼李老师的。”但李老师不在现场，王老师马上打BP机传呼李老师回来。李老师回来后十分伤心，冷静后又觉得十分奇怪，怀疑有人纵火，随即于当晚向公安局报案。干警接到报案后，随即开始了侦破工作。侦破工作进展顺利，公安局通过取证、聆讯、复核，案情真相大白，放火烧毁摩托车的是林小虎。林小虎，男性，现年15岁，该校初三(5)班学生，其班主任正是车主李老师。那么林小虎为什么会烧毁班主任的摩托车呢？翻开公安局对林小虎的问话记录，可以看到，林小虎系独生子女，自幼父母感情不合，终至离异，父亲长年经商外出，极少关心小虎的学习及在校表现，母离婚改嫁，已不再回来探望小虎，小虎现与祖父母同住，祖父母年迈，只能照顾小虎的饮食起居，无法进行有效教导。小虎在校无心向学，经常旷课、迟到，受到李老师多次批评，在李老师的心中小虎是一个无法救药的坏孩子，小虎也认为李老师是处处找岔子挑毛病的老师。为什么关系会进一步恶化呢？原来，一天上课时，李老师发现女同学陈某精神不集中，正低着头看一封信，李老师乘其不备，走上前，一下把陈某看的信缴了上去。课后，李老师把陈某带到办公室，了解情况。原来，课前，小虎把一封信给她，她尚未及看，已经开始上课，因此，只得在课堂上看，才知道是一封求爱信。李老师十分恼火，利用班会把信中某些内容公开读出来，一下子，教室里像开了锅，同学们议论纷纷。此后林小虎受到同学的冷嘲热讽，女同学也远远地避开他。林小虎觉得十分没有面子，对李老师日益反感，心想你让我不好过，我也让你不好受，遂找机会报复。20日当晚，下自修后，趁大家不备，小虎点燃了老师摩托车的油箱，摩托车被烧毁了。林小虎承认了所做的事情。

【案情分析】

区公安局作出了裁决：根据《中华人民共和国治安管理处罚条例》，林小虎故意损坏他人财物，给予行政拘留7天的处罚，并赔偿李老师2万元整，由林小虎的监护人赔偿。林小虎及其父亲不服，在收到裁决书以后向市公安局提出申诉，要求进行行政复议。申诉的理由是林小虎年幼无知，且事出有因等。进行行政复议，申诉的理由是林小虎年幼无知，且事出有因等。市公安局收到申诉书后，经调查认为林小虎有预谋有计划故意毁坏他人财物，证据确凿，且造成很坏的影响，林小虎已年满14岁，处罚已属从轻。故维持区公安局对林小虎的处罚。据此，学校还对林小虎作出开除学籍的处分，并要求其监护人赔偿2万元给李老师。学校领导认为李老师教育方法不对头，公开学生私有信件内容，侵犯学生隐私权，要求李老师作出书面检讨。由于李老师认识态度诚恳，决心改正错误，学校不再对其作行政处分。林小虎的父亲收到市公安局的复议决定书及学校对小虎的处分通知书后，不服，于收到复议决定书后的第3天向区人民法院提出起诉，将区公安局列为被告，认为在这起学生烧毁老师摩托车的事件中，学校有不可推卸的责任。学校行政管理失当，未能履行职责，对教师教育督促不力，致使教师教育方法不当，是造成林小虎烧摩托车违反《中华

人民共和国治安管理处罚条例》的诱因。对小虎给予开除学籍的处分，违反了《中华人民共和国未成年人保护法》第三章第十四条“学校应尊重未成年学生的受教育权，不得随意开除未成年学生”的规定，对罚款数额也提出异议，认为应减为1万元。区人民法院收到起诉书后，受理该案，在审理过程中，校长出庭作证，认为林小虎烧摩托一案是学校的偶发事件。学校近年来全面贯彻教育方针，加强了对学生的政治思想工作，加强纪律教育，教风学风有了很大的转变，有目共睹，行政并无失当。但李老师确有方法简单粗鲁，对学生未能循循善诱之错，经批评教育，已吸取教训，改进了教学方法；对林小虎的处分有过重之嫌，同意改正。区人民法院经审理后判决为：对林小虎同学的开除学籍处分建议改为留校察看1年，仍回学校学习，老师、学校应尊重小虎的受教育权，对他不得歧视；林父赔偿金额不变，仍为2万元，诉讼费2350元整，由原告被告双方各负责一半。

（案例来源：李罡等编著. 教育法学基础. 民族出版社，2001年10月第1版）

/ 教育中的民事法律问题

民法是调整平等民事主体的自然人、法人及其他非法人组织之间人身关系和财产关系的法律规范的总称。《中华人民共和国民法通则》第二条对此做了详细规定。概括来说，民法是有国家强制力（区别于道德等）的社会生活规范；民法是调整社会生活中财产关系和人身关系（其他关系不调整）的法律规范；民法是调整平等民事主体之间的社会关系的法律规范。民法既包括形式上的民法（即民法典），也包括单行的民事法律和其他法律、法规中的民事法律规范。民法的基本原则，是民法及其经济基础的本质和特征的集中体现，是高度抽象的、最一般的民事行为规范和价值判断准则。其基本原则有：平等原则，自愿原则，公平原则，诚实信用原则，守法原则，公序良俗原则。民事法律关系主体是指民事法律关系中享受权利，承担义务的当事人和参与者，包括自然人、法人和其他组织。民事法律关系客体，是指民事法律关系之间权利和义务所指向的对象。民事责任分为三类：第一类：违反合同的民事责任即违约责任；第二类：侵权的民事责任；第三类：不履行其他民事义务的民事责任。

教育中存在许多的民事纠纷，而解决这些纠纷的主要法律依据就是民法。正因为民法所调整的是平等主体之间的关系，这也是民法与行政法的根本区别，也是民法的本质特征。这种平等主体间的关系可发生在公民之间、公民和法人之间，也可发生在法人之间。教

育主要阵地在学校，所以大部分的民事纠纷发生在这里。因为它是平等主体之间发生的，以民事权利义务为内容的社会纠纷（可处分性的）。当前学校中学生伤害事故不断升级，引发人们对民事责任认定、民事纠纷解决方式开始重视。学生伤害事故的民事法律责任以承担“赔偿损失”的形式最为常见。但是，当学生的名誉、人格受到不法侵害时，并不排除“停止侵害、消除影响、恢复名誉、赔礼道歉”等形式的适用。学生伤害事故发生后，受害学生及其监护人可以与学校及教职员工协商解决；协商不成，可以向学校所在地人民法院提起民事诉讼；也可以不经协商，直接向人民法院提起民事诉讼。学校中的民事法律纠纷的解决，主要有两种途径，一为调解，一为诉讼。

/ 学校事故的责任认定及处理 /

学校事故概念及类型 /

学校事故的概念

教育部颁布的《学生伤害事故处理办法》第二条将其界定为：在学校实施的教育教学活动或者学校组织的校外活动中，以及在学校负有管理责任的校舍、场地、其他教育教学设施、生活设施内发生的，造成在校学生人身损害后果的事故。可以看出学校事故并不单纯是指在校园内发生的事故，而是根据学校对未成年学生所承担的教育、管理、保护的义务来界定。即只要在学校对未成年学生负有教育、管理、保护的义务期间，学校违反义务，未成年学生因此而受到损害，即为学校事故。其发生之空间不限于学校在校园里的教育教学活动，也包括学校组织的各种校外活动。据统计，每年学生在校伤害全国有14000多人，平均每天40多人，同时还在以14%左右的速度增长（2001年6月12日，中央一套，今日说法），随着学生伤害事故的增加，学生伤害事故的处理已成为学校法律活动的一个重要方面。[1]

学校事故的特征

1. 从受害主体来看，主要是学生。

2. 从时间看，其伤害行为或者伤害结果必须有其一或同时发生在学校对学生负有教育、管理、保护、指导等职责期间。（比如：学校组织活动，学生从集合一直到活动结束的时间；住宿生在校学习生活指导及规定节假日的时间；走读生从到学校开始学习直到回家走出校门的时间等等）。[2]

3. 从地点来看，其伤害行为或伤害结果必须有其一或是同时发生在学校对学生负责地地域范围内，包括学校范围以及学校组织活动的场所内。

4. 从结果来看，它必然造成学生的人身伤害事实。

学校事故的分类

以校方在学校事故中是否存在过错为标准，将学校事故分为无过错和有过错两类。

1. 校方无过错的学校事故

包括因意外事件、受害人过错、第三人过错、受害人和第三人共同过错等引发的在校学生人身伤害事故。学校因对事故的发生并无过错，因此对事故本身并不承担任何损害赔偿责任。但是，在事故发生后，学校应当采取积极的救助措施，努力将伤害

[1] 马骎，李艳昱. 浅析学校事故责任. [J]. 商品与质量·理论研究，2010 (5) .

[2] 《学校事故及其处理和防范（二）》http://kzjx.zsedu.net/news/2009/12/17/093914-7985-1.html 2012-7-30

减小到最低限度。否则，对于扩大了的损害，学校应当承担过错责任。

(1) 因意外事件引发的学校事故

主要是指因“不可抗力”造成的在校学生人身伤害事故。根据《民法通则》第 153 条的规定，“不可抗力”是指不能预见、不能避免并不能克服的客观情况。如，地震、洪水、泥石流、山体塌方、台风、海啸、冰雹等自然灾害引发的学校事故，也包括其他不含人为因素的意外伤害事件。1999年4月10日，青岛50中举办春季田径运动会。梁某在初一男子组跳远比赛中，不慎致右胫腓骨骨折，学校当即派人将其送到骨伤医院治疗。由于意外事件也是有规律可循的，因而，可以通过加强灾情科学预报、做好防灾减灾工作、提高学生的自我保护意识等，在一定程度上减小事故损害程度，甚至防范事故的发生。

(2) 因受害人过错引发的学校事故

2000年1月5日，山东省某工业学校进行期末考试。一女生作弊被监考老师发现，老师即按规定在其试卷上写下“作弊”二字。该女生见状哭着跑出教室，跑回宿舍后在一张纸上写下“再见了，同学们，我无脸见人了”，然后爬到四楼楼顶跳楼身亡。此类事故的发生，大多源于受害人辨认和控制自己行为能力的欠缺、道德品质和心理素质的缺陷、安全防范意识的淡薄等因素。此类事故发生后，学校的教育教学秩序经常受到较大程度的冲击。主要是由于事故责任不清、受害人亲属难以接受事实等所致。

(3) 因第三人过错引发的学校事故

该第三人可以是受害人所在学校的学生，也可以是校外的某个致害因素。对于此类事故，由于第三人是过错致害人，应承担全部事故责任。2001年3月6日中午，江西省万载县潭埠镇芳林小学发生爆炸案，造成41名师生死亡，27人受伤。案犯李垂才具有精神病症候及精神病家族史，当场被炸身亡。

(4) 因受害人与第三人共同过错引发的学校事故

即民法上所称“混合过错”此类事故在学校事故中占较大比重。受害人与第三人应当根据过错大小，各自承担相应的法律责任。2000年3月16日，云南楚雄市彝族自治州南华县一名不满14岁的初二学生，上课时与同学发生口角，竟抡起锄头砸在同学头上，致使被砸者颅内血肿，经医院抢救无效死亡。在该案中，被害人因与致害人争吵，有小过错；但是，致害人系主要过错方，应负绝对的主要责任。[1]

2．校方有过错的学校事故

校方有过错的事故是指学校故意表现为明知自己的行为会造成学校事故损害学生的生命健康，并希望这种结果发生的心理状态，或明知自己的行为可能导致学校事故，造成学生人身损害而放任损害结果的发生的心理状态。如教师体罚学生、侮辱学生人格的行为等。学校（教师）在这些事故中具有追求或放任学生的合法权益受到损害的不良心态，如果对这种心态不加以惩治，会使在校生的合法权益得不到保障。校方对主观故意类型的损害有控制力和主动性，对教师可以用提醒、督促的方式防止损害发生。学校应为而不为的情况下，当然要承担赔偿责任。

该类事故又可以根据校方的过错情况分为校方有故意和校方有过失两类。

(1) 校方有故意的学校事故

①因校方直接故意引发的学校事故

直接故意指行为人明知其行为会发生危害社会的结果，却希望这种结果发生的主观心理态度。该类事故大多因校方人员对学生蓄意的人身伤害(如伤及学生身心健康的体罚行为等)而引发。

②因校方间接故意引发的学校事故

间接故意指行为人明知其行为会发生危害社会的结果，却放任这种结果发生的主观心理态度。该类事故大多因校方人员对于危及学生身心健康的行为采取放任的态度而引发。

[1] 中国教育政策法规信息网http://www.cnepl.edu.cn/.

案例3-1

老师教育方式野蛮：15岁初中女生服毒自尽

11月4日中午，家住宜兴环保科技工业园区南河村井塘10号的刘玉萍突然接到铜峰中学打来的电话，“你女儿学习不认真，连英语试卷都丢了，中午不回来吃饭了，在学校接受处罚”。刘玉萍赶紧赶到了学校，询问了小丽同学，才知道丢失试卷一事让英语课任课老师大为光火。陆老师当着全班同学骂小丽“你名字很像外国人，为什么英语成绩就这么差呢”。“随后，老师拎了小丽前襟把她拽出了教室。在这过程中还踢了小丽几脚。”刘玉萍说，当时一见面，女儿哭着说，“老师太凶，骂我，说我成绩不好，我不念书了。”然后就不再言语。而这位陆老师却说“我这是教育你小孩，按照我年轻时间的脾气，我还会更凶”。“晚上，小丽郁郁寡欢地回到了家里。回来后逗自己两岁的小妹妹玩了一会，然后去家里楼梯口放农药的地方转了一圈。因为在放农药的地方有一筐柿子，所以我们都没有注意。”小丽的继父马洪明悲痛地告诉记者，11月5日早上5点40，按照小丽平时的作息习惯，早就应该起来了，但是这天早上却不见动静。刘玉萍敲门、呼叫小丽名字也不见有反映，推开门后发现小丽嘴角有白沫，身体都已经僵硬。旁边有杯子，里面还有残留的农药“井冈霉素”。

【案情分析】

这个案例属于典型的民事案件，相应警方开展调查后排除小孩他杀的可能。并认定该案件属于一般民事案。通过访谈、调查小丽的同班同学以及学校的领导，得知陆老师平时的教学方式偏激进些，脾气不是太好，学生犯错后动辄就是打骂。加上家长也反映该老师教学方式粗暴，辱骂学生“是蠢猪，是猪里的极品”的说法，以及案发当日该教师具体处理小孩丢失试卷后的一些方式确实有失恰当，没尊重学生的人格，未履行到老师应有的义务。所以，学校在明知老师有类似行为时应进行开导教育甚至必要的惩罚，而不是姑息纵容，在此案件中陆老师是直接伤害人，校方属于间接伤害人，小丽父母提出的赔偿老师和学校都需要负责任。

(案例来源:http://edu.sina.com.cn/1/2003-11-09/56199.html)

(2) 校方有过失的学校事故

校方有过失的学校事故是指在校方有过错的学校事故中，校方的过错以“过失”居多，而较少“故意”。因校方疏忽大意或过于自信引发的学校事故，校方负有教育、管理上的过失责任。大致包括以下几类：

①因校舍或者学校附属设施安全隐患引发的学校事故。据《中国青年报》报道，当前全国中小学危房达1300万平方米，成为重大安全隐患。校舍存在安全隐患，学校领导和其他直接责任人员又疏于管理，学生的人身安全就很容易受到侵害。

②因教育教学设施安全隐患引发的学校事故。学校运动器械、实验器材等教育教学设施质量不合格或者年久失修，存在隐患，也极易引发学生的人身伤害事故。

③因学校对楼道、照明、取暖等设施管理过失引发的学校事故。这在学校事故中占很大比重。

④因学校对楼道、照明、取暖等设施管理过失引发的学校事故。这在学校事故中占很大比重。

⑤因学校在课间等学生自由活动时间管理过失引发的学校事故。

⑥因学校对组织、参与的大型活动或户外活动管理过失引发的学校事故。在学校组织的运动会、文艺演出等大型活动中，因组织管理不当，迎宾气球爆炸伤人、学生踩踏伤人等恶性伤害事故层出不穷；在学校组织的春游、秋游、参观等户外活动中，因组织管理不当，很容易出现翻车、翻船、坠崖等事故，有时还出现死伤几十人的特大伤亡事故。

⑦因学校对卫生打扫等管理过失引发的学校事故。

⑧因门卫管理不善，校外人员进入学校殴打学生引发的学校事故。

⑨因学校对食堂卫生等管理不善引发的学校事故。

⑩因学校对校内车辆行驶管理不当引发的学校事故。[1]

案例3—2

深圳校车闯红灯与货车相撞：11名学生受伤

前日深圳校车又出事故了。当天早上7时许，满载43名学生的深圳龙岗区龙湖学校校车，在龙岗区布澜路和平吉大道交会处与一辆货车相撞，车上11名学生及货车司机受伤，其中1人骨折需入院治疗。深圳警方初步认定校车违反信号灯指示行驶(即冲红灯)酿成事故，且司机无校车驾驶证件。在现场看到，出事校车玻璃上写有“龙湖学校”字样，车头和前车门被撞得严重变形，几个孩子坐的座位上存有血迹。据了解，该校巴共载45人，其中2人是老师和司机。在校车旁边，和其相撞的另一辆蓝色货车车头也严重变形，车门被撞得扭曲成“S”形。地上留下不少散落的车体碎片，并残留伤者的血迹。经检查共有10多名受伤的学生被送到医院治疗，其中1名学生腿部骨折，多名孩子脸上缝了数针。据悉，伤势较为严重的是5岁女学生小湘(化名)。经过检查，小湘股骨错位，需要立刻进行手术，伤势比较严重。

【案情分析】

该案件中由于司机自身原因闯红灯造成了这起事故，但作为学校管理的一部分，校车安全问题是校方不可推卸的责任，故学校应承担间接的责任，而司机承担主要的赔偿责任。校车安全管理情况极其复杂，它最终涉及的是全社会。有每一个个体的安全意识和安全行驶，校车行驶环境的安全度才可能是最高的。从一定意义上讲，我们管理好与校车方方面面的人与事终究是相对容易的，但要提升全社会的安全行驶意识却没那么容易。

(案例来源:http://www.sina.com.cn 2011年12月14日14:06 京华时报)

[1] 王家福，梁慧星．中国民法学．民法债权 [M]．北京：法律出版社，1991:466．

学校过错的判断标准

学校过错的判断标准其实很复杂，关于过错的判定标准，分为主观说和客观说。主观说认为过错是一种心理状态，因此在司法实践中，对行为人过错的认定即是对这种心理状态的再现性描述。这种说法还提出了一种典型心理状态检验法，其思维程序大致是：

(1)确定行为人对损害结果的发生有无预见。

(2)如有预见，行为人对其行为以及结果持何种态度。

(3)如无预见，他是否应当预见或者能够预见。[1]

但由于“心理状态”是内在的东西，这就需要我们通过对其外在表现形式来进行分析判断，并需要采用一些较为客观的标准和方法。即现在许多学者提倡的“客观说”，大致意思是“判断一个行为是否有过失，要以行为人是否应当注意，是不是能够注意却未注意来作为一个依据。因为时间、地点、条件、环境等客观环境不断发生变化，行为人的应注意和能注意的标准也在变化。所以我们这个标准应随着时间地点环境等变化而转移。简单来说就是一种“义务（或法规）违犯等于过失”的判断标准。

案例3—3

2004年6月4日中午，湖口XX学校学生梅某纠集其他学校学生与该校学生杨某、刘某等人斗殴。刘某头部受伤流血。该校保卫科工作人员洪某吩咐本校学生李某等人护送刘某到医院治疗。途中双方相遇并互相扭打。在扭打过程中，汪某抽出随身携带的匕首刺入李某腹部，李某经抢救无效死亡。

[1] 王家福，梁慧星．中国民法学．民法债权 [M]．北京：法律出版社，1991：466．

【案情分析】

江西省湖口县人民法院(2005)湖民一初字第182号民事判决认定:"被告工作人员指派李某等未成年人护送因斗殴而受伤的同学刘某前往医疗机构救治,原本出于善意。但鉴于当时双方斗殴人员均未受法律制裁,仍自由活动于斗殴现场附近,该护送行为有一定危险性。被告却无工作人员或其他成年人参与护送,对于伤者及护送人员均未尽到谨慎照管义务。在主观上,被告有疏忽大意的过失,这一过失与李某在护送过程中遇害有一定因果关系。"虽然是主观过错概念的判决,但在过错判定上还是采用主客观结合的判断标准。

(案例来源:杨秀朝.课余学生伤害事故学校过错的实证分析[J].教育科学研究,2009(3))

学校事故责任 /

学校事故责任

我们所称的学校事故,是指围绕学校教育活动发生的造成学生人身损害的事故。学校及其教职人员对事故的发生有过错的,学校应承担侵权的民事责任,即学校责任。

学校事故责任的法律特征

1. 学校事故责任是一种民事责任。当发生学校事故后,可能会产生多种法律责任,如因玩忽职守导致学校事故发生的直接责任人员的行政责任和刑事责任,而侵权行为法中的学校事故责任,属于民事责任的范畴。

2. 学校是学校事故责任的承担者。我国《教育法》第三十一条规定:学校及其他教育机构具备法人资格的,自批准设立或登记注册之日起取得法人资格,学校及其他教育机构在民事活动中依法享有民事权利，承担民事责任。可见学校是具有民事权利能力和民事行为能力的民事主体。因此，学校应为其行为后果承担民事责任。对于因学校教职人员过错造成的学校事故，学校也应承担责任。这是因为：其一，教职人员对学生的教育、组织、管理等行为，是一种职务行为。按照民事立法及实践，作为法人的学校应对这种职务行为的后果承担责任；其二，学校对教职人员既有选取、使用的职权，也有督导、管理的职责，由学校承担因教职人员过错造成损害的学校事故责任，既合乎情理，又符合法理。至于教职人员对学校所应承担的责任，则不属于学校事故责任范畴。

3. 学校仅对发生在教育活动或其他与之相关的情况中的学校事故承担责任。学校教育活动，是指学校向学生传授知识，培养各方面素质的活动，如学校的授课、组织的教学活动、社会活动等。其他与之相关的情况是指与学校教育活动密切相联系的各种情况，如学生课间休息时间，在学校食堂就餐等。只要是发生在这些情况中的事故，且学校对事故的发生有主观过错的，学校就应承担事故责任。

学校与学生法律关系

学校在学生伤害事故案件中承担责任的性质，首先要分析和确定学校学生之间究竟是什么法律关系。依据《教育法》成立的教育、管理保护的法律关系。学校与学生发生法律关系，其基本性质既区别于纯粹的行政关系，也区别于民事法律关系。学校对学生有教育、管理的权利，同时对学生有保护的义务；学生有接受教育和管理的义务，享受保护的权利。[1]

学校与学生的法律关系，表面看只有学校和学生两个法律主体，其实隐藏了两方四个主体的关系。具体表现为：学校与学生、教师与学生和学校与监护人的三种关

[1] 杨立新，朱呈义，蔡颖雯，张国宏．人身损害赔偿[M]．人民法院出版社，2004：234．

系。

(1) 学校与学生的关系。学校宗旨义务本就是要贯彻国家教育方针、执行国家教育教学标准、保证教学质量、维护受教育者合法权益。这就要求赋予学校一定的管理权限，因此学校与学生的关系存在管理与被管理的关系。另外，学生是一个独立的个体，并非仅仅是被管教的对象，其人身权、财产权、知识权等都受到平等的保护，从这点说学校与学生关系也是一种平等的关系。

(2) 教师与学生的关系。根据现行的《教育法》、《教师法》等关于教师与学生关系的规定，虽然没有明确说二者是管理被管理关系，但不论是教师作为指导者还是平等中的首席，都表明了教师的一个主导性的作用，无论是日常教学还是平时各种事件处理都要求二者有一种管理和被管理的关系。另一种关系也是平等的关系。师生之间平等不仅符合都作为独立的人的人权彰显，也体现着现代教育基本理念和法治精神。

(3) 家长与学校的关系。这对关系主要围绕学生而存在。其实二者也是一种平等的关系。许多家长认为把学生送到学校，自然认为学校就是监护人，而校方坚持自己也非监护人，这有时就产生了一种监护人空位的状态。其实，《中华人民共和国民法通则》已有规定，监护人的设立有三种方式：一是法定监护。该法十六条规定，学校并不在监护人之列（除学校是学生家长所在单位之外，这属于特殊情况）。二是指定监护。学校本就不在法定监护人之列，自然也不会被指定为学生的监护人。三是委托监护。委托属于民事法律行为，是双方的意愿达成一致才能生效。是一种职责委托而非权力委托。校方只有在明确表示愿意接受家长的监护委托后才能成为监护人。[1]

因此，在明确了各方关系之后，划分责任自然也就有依据了。

[1] 杨旭. 中小学校事故责任问题研究[J]. 南阳师范学院学报, 2003 (11)

学校责任认定

根据教育法的规定，学校对在校学生应承担教育、管理、指导和保护的职责；根据《民法通则》第一百零六条第二款、第三款和最高人民法院《关于贯彻执行〈中华人民共和国民法通则〉若干问题的意见(试行)》第一百六十条的规定，学校对在校学生伤害事故不应承担无过错责任或者公平责任，仅承担过错责任。即:校方有过错并且该过错与损害有直接因果关系的，应承担民事责任；校方无过错或虽有过错，但该过错与损害并无直接因果关系的，不承担民事责任；在共同侵权(几方面的过错共同致人损害)或者混合过错(校方和学生方都有过错共同致人损害)等情况下，校方的责任大小与其过错程度相应。

在学校责任认定上，根据各方主体的不同关系来进行不同的责任认定，一般按照如下原则进行处理：

1. 存在管理与被管理关系，应承担行政责任

因为学校（教师）与学生一旦是管理与被管理关系，在法学上属于行政法律关系，故学校责任是行政责任。这时普遍采用的是违法归责原则。具体含义是以管理行为违法为归责的根本标准，而不问是否存在过错。在学校中，其管理行为不论是哪个层面出了问题，对学生造成伤害，学校（教师）都要承担相应的责任。

案例3—4

一日，某中学初中化学教师杜X正组织学生上化学实验课，学生李x因借用坐在实验桌对面的同学的钢笔，无意中碰倒了酒精灯，酒精溅在本组同学韩X的脸上并燃烧，致使韩X面部皮肤烧伤脱落，造成中度毁容。事后韩X家长多次到学校吵闹，要求学校赔偿损失并处理教师杜X。学校经研究决定赔偿韩X医疗费和营养费2000元，并以教学事故为由给教师杜x警告处分。

【案情分析】

实验课上学生受伤，如果确属教学事故，即学生受伤是由于教师的过错所致，则教师理应承担责任。从该案例来看，学生李×无意碰倒酒精灯，溅在韩X脸上并起火烧伤韩X纯属偶然，是李X不能预见也无法避免的，至于对组织这次实验课的教师杜X来说，事情的发生更是出乎意料的。因此杜×对韩×烧伤毁容一事既不存在主观上的故意过错，也不存在过失过错，学校把此事定为教学事故并给予杜×警告处分显然是错误的，而且赔偿韩X2000元医疗费和营养费也无法律根据。

（案例出处:http://www.zheng-jie.net/threadview.asp?forumID=2&threadID=14 学校事故案例分析 2012-7-26)

2. 二者是平等关系时，学校应承担民事责任

学校（教师）与学生的平等关系是一种平等主体之间的民事关系。

民事责任的归责原则是指在确认民事责任归属时所依据的法律原则。在我国民事诉讼中，归责原则包括以下几类：

(1) 过错责任原则，是指将民事主体存在主观过错作为承担民事责任的判断标准，即“无过错，无责任”。

(2) 无过错责任原则，是指依据法律的特别规定，无论行为人主观上有无过错，只要行为人的行为导致了损害结果的发生，就必须承担民事责任。

(3) 公平责任归责原则，是指双方当事人对损害结果的发生均无过错，根据公平的观念在加害人与受害人之间合理地分担损失的归责原则。

案例3—5

8岁的王某在寄宿学校就读，夜里练习后弯腰不慎下肢瘫痪，就医两个月已花去10多万元，夫妻均为外地来京的打工族，举债无门。协商无果而发生纠纷，起诉到法院。法院

认定：原告王某受到伤害完全是由于自己的不慎行为造成的，学校对伤害的发生不存在过错，学校不承担责任，因此驳回原告的诉讼请求。

【案情分析】

《最高人民法院关于贯彻执行〈中华人民共和国民法通则〉若干问题的意见（试行）》第160条规定："在幼儿园、学校生活、学习的无行为能力人（10岁以下）受到伤害或者给他人造成伤害，单位有过错的，可以责令这些单位适当给予赔偿。"也就是说，对未成年人依法负有教育、管理、保护义务的学校、幼儿园或者其他教育机构，未尽职责范围内的相关义务致使未成年人遭受人身损害，或者未成年人致他人人身损害的，应当承担与其过错相应的赔偿责任。因此，学校是否应承担责任，要由法院审理认定学校是否有过错。如果学校有过错，如管理不善等，校方应承担责任。否则该事故就属于意外事件应由当事人自己负责。在本案中，学生受到伤害的情况，学校不存在任何过错，而是由于王某的不当行为造成的意外，与学校没有任何关系，学校不承担王某的治疗费用。

（案例来源：杨旭．中小学校事故责任问题研究[J]．南阳师范学院学报(社会科版)，2003（11））

同时，对于一些情形，学校行为并无不当的，不承担事故责任，事故责任应当按照有关法律法规或者其他有关规定认定，即由其他相应的事故责任主体来承担：

(1) 在学生自行上学、放学、返校、离校途中发生的；

(2) 在学生自行外出或者擅自离校期间发生的；

(3) 在放学后、节假日或者假期等学校工作时间以外，学生自行滞留学校或者自行到校发生的；

(4) 其他在学校管理职责范围外发生的。

3．学校对学生的保护关系 根据构成要素来承担相应责任

只有满足以下条件才承担责任：学校负有关注义务；完全无行为能力的学生；对

大一点学生也应进到提醒并及时处理。还需注意一些要点：学校的关注应是实质性的行动；学校若不是直接致害人，也应承担相应连带责任；学校责任大小由学生伤害后果与学校过错大小结合决定；采取推定责任原则。

案例3-6

2003年4月25日，某市某小学组织学生到野外春游，学生们都非常高兴，大家排着队跟着老师到野外的小河边。学生们尽情热闹和欢喜。后老师安排学生分组自由活动，大家就三五成群地散开了。一学生李某发现一种好看的野果，就问其他学生。没有人知道，李某就说："我先尝尝吧"于是，李某小心地摘了一粒果吃起来，觉得味道还不错，就又吃了一粒。其他同学看到，也一边摘一边吃起来。后来其他小组的同学也好奇地吃起来，而老师并没有制止该种情况。等到下午要返回学校时，凡是吃了果子的学生都出现不同程度的呕吐、腹痛、头晕现象，尤其以李某的情况严重。老师意识到学生可能吃了野果中毒了，于是赶紧将学生送到医院救治。结果因为李某吃得过多而中毒死亡。最后，大家才知道这种野果就是叫水麻桑果的毒果。

【案情分析】

该学生伤害事故发生在学校组织的校外活动中，造成该事故发生的原因，就在于学校或教师在出游的过程中未对学生进行相应的安全教育，并在发现学生吃野果的时候，未在可预见的范围内采取必要的安全措施，以制止学生的吃野果的行为，结果造成李某中毒死亡、其他学生不同程度中毒的事故发生。因此，学校及老师没有尽到职责，在他们的教育管理责任范围内是有过错的，属于学校责任事故范围，学校应当承担全部民事责任。根据有关司法解释，对未成年人依法负有教育、管理、保护义务的学校、幼儿园或者其他教育机构，未尽职责范围内的相关义务致使未成年人遭受人身损害，或者未成年人致他人人身损害的，应当承担与其过错相应的赔偿责任。因此，学校应当成为该伤害事故的赔偿主体。

（案例来源:http://www.110.com/ziliao/article-235136.html 2012-7-28）

/ 学校中可能出现的民事纠纷 /

民事纠纷 /

民事纠纷

又称民事争议，是法律纠纷和社会纠纷的一种。所谓民事纠纷，是指平等主体之间发生的，以民事权利义务为内容的社会纠纷（可处分性的）。民事纠纷作为法律纠纷的一种，一般来说，是因为违反了民事法律规范而引起的。民事主体违反了民事法律义务规范而侵害了他人的民事权利，由此而产生以民事权利义务为内容的民事争议。总的来讲，民事纠纷就是处理平等主体间人身关系和财产关系的法律规范的总和，所以所有违反这一概念的行为就会引起民事纠纷。

民事纠纷特点

1. 民事纠纷主体之间法律地位平等。

2. 民事纠纷的内容是对民事权利义务的争议。

3. 民事纠纷的可处分性。分为行政争议和刑事争议。

民事纠纷的分类

根据民事纠纷特点和内容，可将民事纠纷分为两大内容：一类是财产关系方面的民事纠纷，包括财产所有关系的民事纠纷和财产流转关系的民事纠纷。另一类是人身关系的民事纠纷，包括人格权关系民事纠纷和身份关系。

民事纠纷与行政纠纷、刑事纠纷的区别

1. 含义不同

民事纠纷是指平等主体之间发生的，以民事权利义务为内容的社会纠纷；行政纠纷是指国家行政机关之间或国家行政机关同企事业单位、社会团体以及公民之间由于行政管理而引起的纠纷。包括行政争议和行政案件形式。就是民与官的纠纷；刑事纠纷是指加害人与被害人之间由于利益、情感等方面的原因并通过犯罪这一特殊的外在形式表现出来的不协调的关系。刑事纠纷与民事纠纷相比具有外延闭合性、解决的严格规范性和在刑事司法程序中处于隐性状态等特征。

2. 纠纷诉讼的主体不同

民事纠纷诉讼中双方当事人都可以提起诉讼，原告起诉后，被告可以反诉；行政纠纷的诉讼只能是由行政管理的相对人提起诉讼，行政机关始终处于被告地位，不能反诉；刑事纠纷的诉讼除自诉案件由自诉人提起诉讼外，均由人民检察院提起公诉。

3. 举证责任不同

在民事纠纷的诉讼中，谁主张权利谁负责举证；在行政纠纷的诉讼中，只由被告(行政机关)负举证责任；在刑事纠纷的诉讼中，公诉人负有提供被告人有罪的证据，并加以证明的责任，被告人不负举证责任，但可以提出自己罪轻或无罪的材料为自己辩护。

4. 适用的法律不同

民事纠纷主要适用《民法通则》和《民事诉讼法》；行政纠纷主要适用行政法律、法规和《行政诉讼法》；刑事纠纷主要适用《刑法》和《刑事诉讼法》。

案例3—7

2010年11月25日23时左右，被告黄某（1994年9月16日生）携带断丝钳等工具流窜至原告网吧所在的楼顶，盗割原告4台空调室外机铜管和散热片。零时许，被告值班员通过电子监控发现其正转运赃物，追赶途中黄某从楼顶逃离。2011年7月，黄某被法院判处缓刑。同月16日原告诉请被告汉正物业公司赔偿损失10万余元。在本案审理过程中，经法院释明后原告申请追加黄某及其父母为本案被告，要求四被告共同赔偿。另查明，被告与业主均签订了统一的格式物业合同，除日常物业管理外，还特别约定了包括门岗执勤、巡视、晚间至少两小时一次定时或不定时巡逻。2009年初，为加强安保，被告在商城内安装电子监控系统。商城的楼顶平台上装有业主20多台裸露的空调室外机，但没有安装监控探头。被告黄某案发当晚盗割其中6台的铜管和散热片。

湖北省汉川法院审理后认为，黄某及其父母三被告应承担本案赔偿责任。物业公司的安保义务重在风险防控。本案中，在楼顶平台有大量裸装的空调室外机、近年来盗割空调贵重金属部件案多发、商城内部分商业网点24小时开放的情况下，被告汉正物业公司在完善安保系统的过程中，忽视了对楼顶平台业主财产的监控，留下了安全隐患，且未通过加强夜间巡逻来弥补。另外，被告汉正物业公司没有对案发当晚物业合同的相关履行情况，即晚间至少两小时一次定时或不定时巡逻进行举证，应承担安保义务不作为的补充赔偿责任。2011年11月23日，法院判令被告黄某及其父母赔偿原告财产损失8.5万元，被告汉正物业公司在三被告不能赔偿时承担20%的补充赔偿责任。

【案情分析】

违反安全保障义务下的侵权补充赔偿责任，是侵权责任法第三十七条第二款所规定的内容，其构成要件有三：一是第三人的侵权行为是损害发生的直接原因；二是义务人对侵权的发生未尽合理限度的安保义务；三是如果义务人实施了其应当实施的安保作为义务，损害后果就可以避免或减轻。本案判令被告汉正物业公司承担补充赔偿责任的主要理由，一是被告汉正物业公司没有对案发当晚履行物业合同的相关情况，即“晚间至少两

小时一次定时或不定时巡逻”进行举证，应推定其未履行该义务；二是被告汉正物业公司在完善安保系统的过程中，忽视了对楼顶平台这一重要财产场所的监控，且未通过加强夜间巡逻来弥补，在安保设施配置与安保制度上留下了安全隐患。被告汉正物业公司上述两方面的不作为与本案的损害之间存在高度必然性，法院酌情确定20%的补充责任份额是合理的。

（案例来源：110法律咨询http://www.110.com/ziliao/article-235136.html2012-7-28）

学校中的民事纠纷

近几年来，校园民事纠纷案件频繁发生，尤其是因学生伤害事故而引起的人身伤害赔偿案件逐年增多，成为人们普遍关注的社会热点问题。在这些案件中，如何认识这些纠纷的性质？怎样通过正当的法律途径来解决这类纠纷？这类纠纷直接关系到学校教育质量、校园文化，更涉及和谐校园的构建。

学校民事纠纷概念

教育民事纠纷主要是在校园中因伤害事故引发的纠纷，可界定为在学校实施的教育活动或学校组织的校外活动中，以及在学校负有管理责任的校舍、场地，其他教学设施、生活设施内所发生的造成在校学生人身伤害事故而引发的民事纠纷。[1]

学校民事纠纷的特点

1. 从诉讼主体和案由看，校园民事纠纷的原告多为未成年人，既有无民事行为能力人，也有限制民事行为能力人；被告多为学校，占三分之二；案由均为侵权行为案件。

2. 从案件原因和类型看，共分五种情形：一是学校在从事教学管理活动中因教

[1] 王景斌，赵学云，顾颖. 论教育纠纷的法律关系及法律救济[J]. 现代教育科学，2006

学设施或采取措施不当产生的民事纠纷，既有学校在进行宏观教育管理中产生的民事纠纷，如学校对违反校规校纪的学生进行通报、处分，被处分学生不服状告学校案，也有教师在教学活动中违反操作规程和职业道德等产生的纠纷，如因教师随意体罚、打骂学生引起的纠纷。二是学校在执行国家教育政策过程中，因学校和学生理解不一致产生的民事纠纷。三是学生在校期间，由于学校监护不力或者学生之间发生纠纷，但学校不予管理或者尽了管理职责而学生不听造成的民事纠纷。四是学校在组织足球赛、春游等集体活动中发生的民事纠纷。五是由于学校管理不当或个别老师思想素质较差侵害学生名誉权、隐私权等发生的纠纷。[1]

学校民事纠纷分类

1. 校园伤害事故纠纷

(1) 校园伤害事故纠纷概念

在学校中的各类教育活动或学校组织的校外活动，以及由学校负责的校舍、场地、教学生活设施在内的情况下发生在校学生人身伤害事故而引发的民事纠纷都可称为校园伤害事故纠纷。比如：由于上课时灯管突然爆裂造成学生身体灼伤；由于教师管理不当而造成学生排队过马路时被车撞倒；学校正在施工却没有明文或口头强调不要学生在井口玩耍，结果学生掉进井中导致骨折等等。

学校的民事纠纷大部分都是由学生伤害事故引发的，所以这里我们着重介绍校园伤害事故纠纷。

(2) 校园伤害事故纠纷具体分类

学校的设施存在安全隐患引发的纠纷

学校设施既包括教室、各种教学仪器等日常教学设施，还包括宿舍、运动器械等

[1] 孙智奇. 化解校园民事纠纷之我见[J]. 科技信息(学术版)，2006(10)

基本生活设施。由于这些设施存在安全隐患而造成学生人身、财产伤害的均属于民事纠纷，主要有以下几种情形：第一，教室或其他教学设施突然倒塌造成学生伤害事故的民事纠纷。比如，由于连日暴雨，使江西某农村的小学教室突然倒塌，造成两人死亡，多人受伤的严重局面。虽然暴雨的出现属于不可抗力的自然因素，但学校有采取防御措施的义务，因此，学校在这场伤害事故中承担主要责任。再如，某中学在上体育课时，组织班级篮球赛，由于篮球架年久失修，学生的一个扣篮动作导致篮球架的直接倒塌，造成三人受伤。这种纠纷主要是因为学校教育教学设备中的运动器材等设备的质量不合格或年久失修造成的学生伤害事件。因此，校方为第一责任人。第二，学校内的环境及各种生活设施（包括食堂）等存在安全问题引发的学生伤害事故。比如：某寄宿学校一名小学生从上铺摔下来，导致重度伤残。虽然床铺上有护栏，但经检查这个床位的护栏明显有松动迹象，由于校方疏忽没有进行仔细检查才酿成这场悲剧。这些均是由于学校方面原因造成的学生伤害事故。[1]

学校的教学管理过失引发的事故纠纷

主要是指学校日常的教育教学管理方面的失误或疏忽而导致一系列的学生伤害事件。包括：第一，学校组织的校内或校外活动，由于管理不当而造成学生受伤或更为严重的事故。比如，某小学组织学生校外志愿者活动“为城市美丽贡献一份力量”，擦马路的栏杆，由于学校的照顾不周，导致一名小学生被车撞死，三名重伤。第二，学校进入校外人员引发的学生伤害事故。这主要由于学校的保安管理不善，对于校外人员要进行严格审查，一般情况下是不允许其进入学校。比如，两名中学生发生严重争执，其中一名将一些社会不良青年叫进学校并对另一学生进行了人身攻击，造成重伤。第三，非上课的在校时间，学校同样负有责任，因为疏于管理而造成的事故引发纠纷也

[1] 赵学云. 学生与学校纠纷的法律关系及其权利救济机制[J]. 东北师大学报, 2006 (6)

属民事纠纷。比如，某校前几年发生的踩踏事件，就是由于自然灾害加上学生的恐慌、学校的没秩序疏通，最终造成了一场十几人死亡，数十人受伤的惨剧。如果学校在当时能进行有效管理、及时疏通后果肯定会好很多。第四，学校食堂或医务室等管理过失造成学生受伤、中毒等事故纠纷的也属民事纠纷。比如，某学校的食堂由于用不干净的食品原料，导致全校几百名学生上吐下泻引发食物中毒。

案例3—8

陈某、苟某、税某均是眉山县思蒙镇××小学一年级同班同学。1999年5月21日早晨7:40分左右，苟某和税某双方抓住铅笔拖扯，后税某松手，由于惯性的作用，苟某手中铅笔戳在坐于苟某右排座位上陈某的左眼内，造成陈某左眼受伤。一审判决学校承担主要赔偿责任，税某承担次要赔偿责任，苟某承担一定赔偿责任。眉山县思蒙镇XX小学不服一审判决，提起上诉，二审维持原判。

【案情分析】

学校应为学生提供安全的学习环境，学校及教师对学生在校期间的活动负有管教的责任。对于学生伤害事故常发生在课余而没有教师在事故现场的情形，法院往往以这一条义务来衡量学校是否存在过错。如果学校安全教育和安全管理制度不完善或者落实不到位，法院可能认定学校有过错。本案例中苟某与税某在教室内拖扯铅笔，学校无教师在场，且学校对学生进出校门、教室无明文规定，因而学校在管理上具有重大过失，对陈某左眼受伤应承担主要赔偿责任。”

（案例来源：杨秀朝《课余学生伤害事故学校过错的实证分析》. 教育科学研究）

案例3—9

2006年2月28日上午，湖南省长沙市雨花区被告凌某与原告在课间休息时间互相打闹

嬉戏时，被告凌某不慎将原告推倒在地，致使其摔伤牙齿。被告将学校起诉，因为事故发生在学校，学校也应承担一部分责任。

湖南省长沙市雨花区人民法院(2006)雨民初字第1638号民事判决认定："被告长沙市雨花区某学校制定了严明的制度，严禁学生在校园内追打疯闹，并通过许多活动给学生灌输安全意识，发现问题及时处理，对学生尽到了教育、管理、保护的职责和义务，对原告的受伤没有过错，不应承担责任。"

【案情分析】

在此案件中，学校不用承担责任，因为只要学校制度完善并落实到位，这样即使出现学生伤害事故学校也无过错，不用承担责任。从以上判例大体可以归纳出，法院判定学校是否履行危险行为防止、制止义务时主要考察：⑴危险行为是否为学校和教师已知或应知；⑵危险行为发生时学校和教师是否在场或应当在场；⑶学校和教师对危险行为是否进行了必要的或有效的阻止。

(案例来源：杨秀朝《课余学生伤害事故学校过错的实证分析》．教育科学研究)

案例3-10

吴某与朱某为某学校一年级⑴班学生，在同一宿舍住宿。2004年12月17日晚10时许，吴某与朱某在宿舍内各自床上休息时，朱某将一枚橘子扔到吴某右眼上，致吴某右眼受伤，造成10级伤残。

江苏省淮安市楚州区人民法院(2005)楚民一初字第347号民事判决认定："吴某在2004年12月17日晚10时许受到伤害，此时早已是寄宿学生熄灯就寝的时间。按照某学校的管理制度，学校里专门负责学生生活的老师应当对未成年学生的就寝情况进行巡视。事实证明，吴某、朱某等人超过规定时间未入睡，对这一异常情况，某学校没有及时发现并管理，以致本可避免的伤害事故发生。"据此，判决被告某学校承担主要责任。

【案情分析】

本案件中，学校虽然有相应的制度规定，但校方的有关部门并未将工作做到位，只要学生在校期间，学校都负有一定的保护义务。虽然事件是发生在学生间的打闹，但是发生在学校宿舍并且还在学校应管理负责的就寝前的巡查时间，所以校方承担主要责任。

（案例来源：《课余学生伤害事故学校过错的实证分析》杨秀朝）

③教师的教育教学生活中的过错引发的纠纷

因为教师是学校的工作者，教师的过失过错引起学生的伤害事故也属于民事纠纷。主要类型有：第一，教师采用体罚或其他侮辱学生人格、尊严的行为，造成学生身体或精神的伤害而引发的纠纷。如，某教师正在上课，一同学一直在与别人窃窃私语，影响上课秩序，便罚该同学当着全班站到讲台上并自己骂自己是猪，一直重复了几十遍。事后该学生对学校产生抵触心理，学生家长得知将老师告上法庭。老师的恨铁不成钢的心情固然能理解，可这样的处理方式不仅对学生造成极大心理阴影，也树立不了自己的威信，最重要的是这种行为违反了民事法律；二是教师私拆学生信件或当场公布导致的纠纷。如天津市某中学由于教师私自拆开学生信件，并与学生发生撕扯，导致学生跳楼摔伤的后果；三是课堂教学中由于教师的过失导致学生受伤的纠纷。如某中学上化学课，因为是有些危险的硫酸反应实验，老师讲完注意事项便出去接电话了，两个同学争执起来便拿起硫酸互泼，造成皮肤严重灼伤。家长将老师起诉，认为没尽到上课的义务。虽然老师上课时说了注意事项，做了提醒。对于这种高危的实验还是应该做到监督、监视和指导。

案例3—11

武某、杨某均系鹤壁市XX学校二年级双语一班学生，2002年12月13日下午放学后，老

师要求学生在教室中等待布置作业，而当班老师在另一班布置作业时，等待的学生们在本班教室戏耍，武某同杨某在玩耍时.武某不慎倒地，造成锁骨骨折。正好有一装货列车从身后驶来，当张某跑到桥头时，因风大路滑，张某摔倒在桥头斜坡石梯上，头部撞在石头上当场死亡。

【案情分析】

这起事故虽然发生在放学后，但武某、杨某等该班级学生并非自行停留在学校，XX学校对这些在校学生仍应尽到组织、管理的职责，可事发时，当班教师并未在教室，该班学生处于无人管理状态，对武某、杨某这些无民事行为能力人的危险行为未能及时发现和予以制止，对该次事故的发生，XX学校存在过错，也应承担一定的赔偿责任。此时判定学校的责任主要依据是此种情况下学校是否履行了相关义务，此事件发生在教师应到场的课余时间，教师却没有到场履行相应的职责，导致伤害事故的发生，故教师存在过错。

（案例来源：http://d. g. wanfangdata. com. cn/Periodical_jykxyj200903010. aspx）

④学校保护义务没到位引发的民事纠纷

学校本身就对学生负有保护义务。这类纠纷主要包括：一是学校安排未成年学生参与不当活动引发的纠纷。如，某中学教师指派六年级小学生去打开水，导致该学生左腿烫伤，家长向学校索赔引发的纠纷就是民事纠纷；二是在学校教师或其他工作人员在负有组织、管理未成年学生的职责期间，发现学生的行为具有危险性，未及时给予必要的管理、告诫或制止由此引发的纠纷；三是学生有特异体质或特定疾病，不宜参加教育教学活动的，学校未给予必要的注意引发的事故造成的纠纷；四是学生在校期间突发疾病，学校发现后未及时采取措施，防止后果扩大而造成的纠纷；五是对未成年学生擅自离校等与人身安全有关的信息，学校未及时通知家长，引发事故造成的纠纷等。比如，某学生偷偷溜出学校去网吧玩游戏，次日学校发现后认为经常逃课回家的这名学生肯定回家了，就这样一连几天直到家长找到学校才发现这名学生失踪了，最终发现他已在网吧由于与人起了冲突被杀害。

案例3-12

原告之子张某为被告××学三年级学生。2002年12月26日，因下大雪，学校决定提前一节课放学。张某在回家路上没有沿公路行走，而与另一同学往铁路桥上走，正好有一装货列车从身后驶来，当张某跑到桥头时，因风大路滑，张某摔倒在桥头斜坡石梯上，头部撞在石头上当场死亡。

【案情分析】

本案件的最终判决是学生由于自身原因造成事故发生，承担主要责任，而学校承担次要责任。因为在当时天气恶劣的情况下，学校本应意识到学生在放学途中的危险，既未做到在提前放学时通知家长，导致家长不能正常行使监护职责，又未主动采取护送措施，从而导致张某处于无人管理和保护的状态，由于该损害的发生属于学校可预见范围，故学校的行为构成责任范围内的原因，虽属导致事故发生的间接原因，但对导致损害的发生应承担次要责任。

（案例来源：杨秀朝. 课余学生伤害事故学校过错的实证分析[J]. 教育科学研究 2009 (3)）

案例3-13

1998年9月14日上午7时45分左右，林某携带事前藏入书包内的两把菜刀，趁学生和护送学生的家长进校高峰期，以常人表象跟进合江县××学校内，学校兼职门卫没有对林某进行盘查、登记。8时整，该校例行每周一次升国旗仪式。林某趁学校师生集中精力于升国旗之机，突然冲入学生队伍，持刀肆意砍杀学生，当场砍伤21名学生。

【案情分析】

对于在学校受到第三人的暴力袭击时，如何认定学校是否有过错，作了较为经典的分

析。该判决认定:“某小学在教学区和教工宿舍区未隔离及缺乏专职门卫的情况下,设置了兼职门卫,建立了进出校门的制度。学校门卫应对形迹可疑人员进出校门进行盘问。某小学的门卫管理制度并无不当,不能苛求门卫在学生及护送学生上学的家长进校高峰期对每一进出校门的人逐一检查、询问、登记。9月14日上午8时前,该校兼职门卫没有脱岗,对进出校门的管理没有违规行为。罪犯林某蓄意报复社会,利用学生及护送学生上学的家长进校高峰之机,以常人表象混入学校,有很强的隐蔽性,一般门卫难以辨认和发现,不能据此认定门卫失职。罪犯林某趁全校1800余名师生员工集中精力、全神贯注于升国旗之机,突然从学生队列一侧冲进学生队伍、持刀肆意砍杀无辜学生的行为,对某小学全体师生而言,应属极不常发生的、突发性的意外事件,非学校通常预见水平和防范能力所能预见、防范。学校在学生队列的前、后、左、右都安排有教师在岗履行职责,当发现了罪犯的犯罪行为时,学校教职工不顾个人安危,奋力制止林某继续犯罪并将罪犯林某及时抓获;同时迅即采取措施,紧急疏散学生,救助受伤学生,避免了更大伤害后果的发生。某小学为保护学生人身安全作了尽可能的努力,尽到了保护学生人身安全的合理注意的义务,应当免责。”

(案例出处:杨秀朝.课余学生伤害事故学校过错的实证分析[J].教育科学研究,2009(3))

2. 教育合同纠纷

教育合同有广义狭义之分,广义是指教育机构与公民、法人、其他社会组织或教育机构间为实现一定教育目的而签订的有关实施教育教学行为或提供教育协作行为的协议。狭义的教育合同,是指由教育主管部门依法认定具有办学资格的学校与受教育者及其法定代理人订立教育教学服务的协议。这种合同的主体一方是学校,另一方是教育服务接受者及其法定代理人。这里我们取其狭义含义。合同纠纷主要表现为因学校未履行教育义务或违法要求学生履行义务而产生的纠纷。不论是在公办学校还是民办学校,学生进校以后,可以视为学生与学校签订了以招生简章为主要内容的契约，而形成了契约关系。学校未按合同或招生简章履行教育义务，可以视为违反了合同义务，学校应当承担违约责任。

3. 教师聘任纠纷

教师聘任制是教师与学校按照平等自愿、协商一致的原则，在学校与教师双向选择的基础上，以聘任合同的形式明确的一种契约关系。“教师职务聘任行为不是由学校单方面决定的，它必须征得教师的同意，并通过签订聘任合同确定双方的权利义务关系”。教师与学校签订了聘任合同，就与学校形成了基于聘任而发生的劳动合同关系。

从以上的学校民事纠纷类型来看，不难发现这些纠纷主要发生在学校与学生之间，是在学生接受教育的过程中产生的。学校不仅有教育法律法规赋予的教育权利，还承担着相应的职责，同时还有负有法律法规要求的对学生进行安全教育和保护等义务。并且这种义务的监管责任是直接指向学生的人身权、财产权等，均属于民事权利。因此，若是由学校教育或管理等的疏漏造成的学生人身、财产权利受损，引发的纠纷便是民事损害赔偿纠纷。总的来说，学校中民事法律关系主要是指学校教育保护、监管责任、学生人身财产权以及学校与教师在聘任过程中产生的民事法律关系、学校从事经济活动中与相关第三人之间发生的民事法律关系等。

案例3—14

退休教师徐某自1996年起至2000年，连续被原工作的民办学校聘为美术教师。2000年7月，学校与徐某再签聘任合同，期限1年。然而2001年1月，学校突然与徐某解聘。徐某不服，申请劳动仲裁被驳回。随后，徐某诉至法院，要求校方赔偿其2001年2月至7月的工资12070.8元，并加付25%的经济赔偿金3017.7元。

一审法院认定学校违反《劳动法》，判决给付徐某工资12070.8元及经济赔偿金3017.7元。而二审法院则认为徐某与学校纠纷应由《中华人民共和国教师法》规范，不归《劳动法》管，撤

销了一审判决，驳回徐某全部诉讼请求。终审裁定后，徐某不服，向检察机关申诉，检察院提出抗诉。再审法院审理后，撤销了二审、一审法院判决，判决学校支付徐某违约金2299.2元。

【案情分析】

徐某与学校签订的聘任合同不属于劳动合同，不应受《劳动法》调整。因劳动部规定："对被再次聘用的已享受养老保险待遇的离退休人员，其聘用协议可以明确工作内容、报酬、医疗、劳动保护待遇等权利、义务。离退休人员与用人单位应当按照聘用协议的约定履行义务，聘用协议约定提前解除书面协议的，应当按照双方约定办理，未约定的，应当协商解决。离退休人员聘用协议的解除不能依据劳动法第二十八条执行。"徐某与学校签订的聘任合同亦不应受《教师法》调整。《教师法》虽然规定了教育机构应当依照平等的原则与教师签订聘任合同，明确规定双方的权利、义务，但其主旨是侧重于国家教育行政管理部门以行政手段，规范教育机构与教师的劳动关系，保护教师在教育教学活动中包括工资报酬、福利待遇等等在内的一切合法权益。本案双方当事人虽然也为学校和其聘任的教师，但由于当事人诉讼请求的性质仅限于学校与教师之间因聘任合同建立的劳务关系，因此，不存在行政管理因素，故不适用《教师法的规定》。

徐某与学校签订的聘任合同应受合同法的调整。徐某作为退休教师，已享有养老保险等依劳动法律关系建立的相应的社会保障，因此，其与学校签订的聘任合同具有劳务合同的性质。而《合同法》则规定"依法成立的合同，对当事人具有法律约束力。当事人应当按照约定履行自己的义务，不得擅自变更或者解除合同"。本案中，徐某与学校签订返聘合同是双方真实的意思表示，内容不违反法律规定，双方均应严格履行合同。现学校提前解除合同，应承担违约责任。鉴于双方对违约责任的承担方式约定不明，目前尚无关于民办学校教师聘任的具体规定，再审法院便参照《北京市中小学教职工聘任合同制试行办法》的有关规定，判决学校支付徐某违约金2299.2元。

(案例来源：http://news.9ask.cn/ldjf/201104/1153372.shtml 劳动纠纷网 2012—7—28)

/ 教育活动中民事纠纷的解决方式 /

教育活动中民事纠纷的解决方式的主要途径：非诉讼调解和民事诉讼。

非诉讼调解 /

什么是非诉讼调解

非诉讼调解即诉讼外的调解，是指不涉及诉讼的调解。调解者可以是人民调解委员会、行政机关、仲裁机构等等。

学校中发生的民事纠纷许多可采取非诉讼调解的途径加以解决。经过非诉讼调解，当事人可达成一定协议，有的可制作调解书。然而非诉讼调解所达成的调解书或调解协议不具有法律效力，当事人可以反悔。若反悔，可再调解或向人民法院提起诉讼。

案例3—15

河南技校女生实习期间汞中毒赔偿调解结案

小李姑娘是河南省某高级技工学校2005届化学制药系学生，2004年2月16日，她被学校推荐到某药业公司实习，从事药品包装工作。据小李本人和她一起去的同学讲，在从事该项工作时，她所在实习单位未告知此项工作有毒，也未让她们采取任何防护措施。时至2004年5月初，小李工作两个月后，突然感到浑身酸疼，腰部疼痛尤为厉害。忍受着病痛的折磨，小李先后到省内多家大医院就诊，但均未查明病因。经河南省职业病医院诊断，并经询问得病时的工作情况和化验，才最终被确诊为汞中毒。小李为治病前期已花去各种费用

1万多元，父母为给她治病已债台高筑。为向加害单位讨要费用继续治疗，8月13日下午，其父代她找曾经实习的某药业公司，商量让该公司付一些医疗费的事宜，但遭到拒绝。法院主持调解，最终使双方达成了如下和解协议：被告某药业公司先期支付小李后续治疗费1万元，其他费用待治疗结束后一并解决，后续相关费用由原告、被告和原告所在学校商议解决，就此，原告同意撤诉。

【案情分析】

该案中，原告小李作为一名实习生，到该药业公司实习。该公司不负责任，没有告知小李进场实习时应注意的事项，特别没有告知该工作有毒，更没有向小李发放护手护面的防护用具。正是该公司存在失误，才给原告小李造成了身体损害，因此，要求该药业公司赔偿自己的医疗费、工伤津贴、营养费和由此花去的交通费等费用。高新区人民法院的法官们抱着对双方当事人完全负责的精神，决定亲自调查取证。他们通过对小李姑娘的多名同学调查，并走访了有关医院的医生，除证实小李在被告方某药业公司实习时，该药业公司确实未告知此项工作有毒，也未让她们采取任何防护措施，还证实该药业公司内部职工在此之前也曾有两人同样汞中毒在医院治疗的事实。在掌握了大量的证据基础上，法官们确定了小李姑娘的病情是由上述某药业公司造成的事实，同时认定实习生属于《工伤保险条例》中的赔偿对象。为此，法官们又以讲法、讲理、讲情的态度进一步做原、被告的工作，最终使双方达成了如下和解协议：被告某药业公司先期支付小李后续治疗费1万元，其他费用待治疗结束后一并解决，后续相关费用由原告、被告和原告所在学校商议解决。

（案例来源：http://www.110.com/ziliao/article-44118.html）

非诉讼渠道

主要是通过教育行政渠道或其他渠道来解决教育纠纷。教育行政渠道是指按照教育法的规定，权益受损者可以通过申诉制度对抗侵权行为，寻求法律救济。同时，我国《行政诉讼法》规定的行政申诉和行政复议制度,《国家赔偿法》规定的国家赔偿制度等均属行政救济渠道。其他渠道,主要是指教育调解制度。通过教育系统内的调解,对纠纷双方给个说法,并使受侵害方获得一定的合理补偿,不失为解决一般纠纷的有效渠道。[1]

解决学校民事纠纷的非诉讼渠道

1. 教育调解制度

(1) 教育调解制度

是指学校或其他教育机构内设立的调解委员会,对校内教育纠纷或与教育有关的民事纠纷进行的调解活动。这里主要介绍校内调解制度。

校内调解由校内调解委员会主持。校内调解委员会既非国家司法机关,亦非国家行政机关,是学校教职工自我教育、自己解决民间纠纷的一种群众性组织。其人员组成来自教职工代表、学校行政代表、学校工会委员会代表三个方面。校内调解所达成的调解协议由当事人自觉履行,不具备法律效力。如一方当事人或双方当事人反悔,均有权向人民法院起诉或要求仲裁,任何人不得干涉。

校内调解制度是一项法律性、政策性都很强的制度。在调解时我们可以根据不同纠纷、不同当事人而采取有针对性、切实可行、灵活多样的方式进行。进行校内调解时一般流程是:受理纠纷,调查分析纠纷情况,对当事人进行说服劝导工作,促成当事人和解,并达成协议、调解协议的执行。校内调解制度是教职员工和学生自我管理、自我教育、自我约束的有效形式,具有救济成本低、效率高等特点,它在调解校内纠纷、减少违法犯罪、维护教育秩序等方面起了重要作用,是"学校的一个保护屏障",同样是社会主义教育法制建设中的一项重要制度。

[1] 刘鸣禹,王景斌.教育纠纷的法律属性及解决机制[J].长白学刊 2006 (5)

(2) 调解时应注意的几个问题

①调解的前提。调解应当在平等、自愿、合法、合理的前提下进行。调解必须立足于平等自愿，如果一方是在另一方威胁或变相威胁的情况下，就不能构成调解。只要符合调解范围的都可以调解（除了法律规定的不允许调解的范围外），但是否合法就不能作为调解的必要条件，因为调解所解决的正当性并非来源于解决方案，而是严格基于法律而形成，主要来源于当事人双方对解决方案的认同。[1]

总的来说，调解的关键在于双方是否能够在自愿的基础上通过协商达成协议，只要在平等自愿的前提下，遵循“法律所不禁止即为合法”的原则，就可以享有自由处分权利。

②调解的原则。必须坚持教育纠纷的过错归责原则。尽管教育纠纷有其特殊性，但和其他法律纠纷一样，其纠纷裁决应当按一定的归责原则进行。我国《民法通则》和《教育法》的相关规定：教育纠纷的责任归责原则是过错责任原则。因此在调解过程中不能随意扩大教育纠纷归责的原则。尤其不能按无过错原则达成调解协议。在调解时要坚持有过错承担责任，无过错不承担责任的原则。为此是否有过错就需要查明事实，分清责任。作为教育主体的一方无论是承担赔偿还是接受赔付都应当是有原因的，不能无故地享有权利和承担义务。所以任何一项调解都应当在查明事实的前提下进行。只有这样，才能起到定分止争、消解矛盾的作用，也才符合调解并达到解决纠纷的目的。

③调解方式。要坚持法院调解的方式或第三方参与方式。纠纷双方如果私自调解，往往个人都认为各自有理，很难说服对方。如果有无利害关系的第三方参与，这样双方都容易接受。选择经过法院诉讼调解方式其好处在于：法院在审理过程中，能阐明事实，使双方明确法律上的责任和过错，从而冷静思考调解的方式和内容；另外，

[1] 李浩. 民事审判中的调审分离[J]. 法学研究，1996(4).

通过法庭上的诉说和质证，使双方认识到自己应当承担的责任和义务，受到了法律知识教育，受到了法律的严肃性并大都能在理解的基础上，处于弱势的一方予以让步或补偿纠纷在平和友好中消除；此外，法院调解具有法律效力，这就避免累讼和反悔。因为人民法院制作的生效调解书、判决书具有同等法律效力，具有给付性内容的调解书。若一方不履行义务，另一方当事人还可以申请法院强制执行。由此可见，选择第三方或法院调解方式是最佳的解决方式。[1]

案例3–16

2010年12月一天中午，小强等多名中学生在自己所在的中学操场玩耍，期间因意外发生肢体碰撞，从而引发矛盾冲突，最终导致小强等4名中学生动手打人造成过失，却给小西身心带来极大伤害，导致脾脏破裂，手术后切除脾脏。双方家长就索赔事宜上产生纠纷，不断矛盾激化。

江头街道调委会接获此信息后高度重视，并及时介入调解。起初，林某的家长坚持要小强等4人的家长赔偿80万元，由于双方在赔偿金额上分歧较大、矛盾逐渐激化。调解员陈鑫鑫、张琳在充分调查了解了小强等4人家庭经济状况后，认为小西家长提出的80万元赔偿确实过高了，决定从双方分歧最大的赔偿金额入手进行调解，尽可能拉近双方心中的“赔偿标准”。调解员结合多年来从事调解工作实践的经验，内心初步拟定运用以下几种方法：“案例展示法”，即在调解之前，将类似的案例提供给当事人，供其参阅，使当事人了解该类案件的处理原则及处理结果；“辨法析理”，即以法服人法，因为只有让当事人明白其诉求有无道理及各自应付责任，才能让当事人明白为什么要调解及为什么要提出如此的调解方案，从而最终促成调解协议的达成；“加重责任

[1] 孙丽华．调解解决教育纠纷的法理分析[J]．绥化学院学报，2011（6）．

法”，即适当对当事人夸张事件的严重性，促使当事人尽快达成调解协议；“借助外力法”，通过引入学校这个第三方，让学校承担其应该承担的责任，充分借助外力。

【案情分析】

尽管这起纠纷拖延了近三个月，但最终在调解下得到了圆满的解决。从法律的角度首先向校方讲明未成年学生在校致伤各自应承担的责任和义务；通过剖析类似案件，分析事故原因，释明责任；从关爱弱者、救助伤者、公平利益的角度，让学校认识到事故的发生毕竟给伤者造成了一定的痛苦和伤害，也给今后的生活带来了不便，于情于理都应给予帮助。通过调解员的情理劝导，校方同意给予一定数额的赔偿。在调解员多轮耐心调解下，当事人小强等4人的家长仔细思考后也有所松口，同意把赔偿金额从8万元增至20万元。

我们可以看到，经过调解员的不懈努力，小西家长最终被调解员的诚心所打动，三方最终就赔偿问题达成共识，并签订了调解协议书：小西的家长同意小强等4人的家长共30.2万元的赔偿，并对孩子的行为表示谅解，禾山中学也同意给予2万元的补偿。三方共六人在司法所主持下签订了调解协议，并向法院申请了司法确认。到这里，这起校园纠纷不但得到了圆满解决，而且取得当事三方都满意的良好效果，并有效地消除了矛盾激化的隐患，避免转化为刑事案件。

(案例来源:http://www.xmsf.gov.cn/rmtjssj/sjal/201204/t20120401_8084.htm 2012—7—28)

2.教育申诉制度

(1) 教育申诉制度概念

申诉制度保障我国宪法赋予公民申诉权利的一项重要制度，分为诉讼性申诉和非诉讼性申诉。教育申诉，即指作为教育法律关系主体的公民，在其合法权益受到损害时，向国家机关申诉理由、请求处理的制度。它是一项维护学生及教师合法权益的行政救济制度。

(2) 教育申诉制度的运用范围

根据《教育法》、《教师法》以及《普通高等院校学生管理规定》的相关内容，我国教育申诉范围主要包括：

教师认为当地政府有关部门侵犯其合法权益；

教师认为学校或其他教育机构侵犯其合法权益；

教师、学生对学校或其他教育机构作出的处理决定或处分不服；

学生因学校、教师侵犯其人身权、财产权以及知识产权等合法权益提出的申诉请求的。

可以说，教育申诉制度对于解决教育行政纠纷起到了一定的作用，有其自身的优点。但是由于在立法上，教师、学生的申诉权仅是由《教育法》作出原则性的规定，缺乏具体的实施细则或程序规定。实际操作中教育申诉案件也往往被安排在信访部门，加上教育行政机关与学校之间千丝万缕的联系，致使教师、学生的申诉往往石沉大海。因而，加强处理教育申诉相应机构建设，完善教育行政申诉相关法律、法规，尤其是程序性的法律规范，是事关教育申诉能否真正发挥作用的重要举措。关于学生申诉制度的构建已经得到了社会的广泛重视。教育部前不久发布的《关于加强依法治校工作的若干意见》要求"建立完善的权益救济渠道，使教师和受教育者的合法权益依法得到保障"，"建立学生申诉制度，保障学生申诉的权利。"随着我国教育改革的不断发展以及学生维权意识的不断增强，针对学生申诉机制缺失这一全国性普遍现象，急需制定一部全国性的具体规定学生申诉制度的法律或行政法规。

(3) 教育申诉制度的特点

①从教育申诉的主体看，是指合法权益受到损害的当事人。作为教育法律关系主体的教师、学生、学生家长等，都可以成为教育申诉的主体。

②从申诉的受理主体看，既包括人民法院，也包括党的纪检委、监察部门、权力机关以及上一级行政机关等。

③从申诉的目的看，旨在使当事人受到损害的合法权益得到补救。

④从教育申诉的类别看，可分为诉讼上的教育申诉和非诉讼上的教育申诉。

诉讼意义上的申诉，是指教育法律关系当事人对已经发生法律效力的判决、裁定不服，向人民法院或人民检察院提请重新处理的申诉。具体分为行政诉讼中的申诉、民事诉讼中的申诉和刑事诉讼中的申诉。非诉讼上的申诉的范围较为广泛，既可以是向纪律检查委员会申诉，政府检察部门的申诉，又可以是向权力机关的申诉，还可以是向作出具体行政行为的行政机关的上一级行政机关或其设置的专门机构的申诉等。《教育法》规定的教师申诉制度和学生申诉制度就属于非诉讼的申诉制度。

(4) 教育申诉制度的分类

从申诉的发生范围出发，可以分为教育行政申诉制度校内申诉制度；从提出申诉的主体出发，可以分为教师申诉制度和学生申诉制度。

(5) 教育申诉制度的总体特征

①教育申诉制度是我国的相关法律法规所明确规范和确认的一项法定制度。《教师法》第三十九条规定“教师对学校或者其他教育机构侵犯其合法权益的，或者对学校及相关教育机构作出的处理不服的，可以向教育行政部门提出申诉。教育行政部门应当在接到申诉的三十日内，作出处理。”《教育法》第四十二条规定，学生享有对学校给予的处分不服向有关部门提出申诉，对学校、教师侵犯其人身权、财产权等合法权益，提出申诉或者依法提起诉讼的权利。这些相关的立法为教育申诉制度的确立提供了法律依据，教育申诉制度的法定性，使其具有确定性和严肃性，有关组织和个人都必须认真遵守和执行，否则将承担相应的法律责任。

②教育申诉制度是一项专门性的申诉制度。教育申诉制度是宪法赋予公民的申诉权利在教育领域中的具体体现。教育申诉制度的建立，有着其特殊的立法背景：一方面体现了立法者认为学校具有准公权机构的色彩；另一方面，更体现了在科教兴国的大背景下，国家对学生、教师权益保护的特别重视。教育申诉中的申诉人只能是认为自己的合法权益受到学校侵犯的学生、教师。受理教育申诉的主体，只能是学校、学校的主管教育行政部门及当地人民政府的有关行政部门。在申诉与被申诉的关系中，被管理者的学生、教师恒定为原告，而管理者的学校恒定为被告。教育申诉的目的和实质在于补救和维护学生、教师的合法权益。

③教育申诉制度是非诉讼意义上的行政性的申诉制度，教育申诉不是通过司法机关的诉讼程序进行的，不具有诉讼的性质。教育行政申诉是由行政机关在其职权范围内，依法对学生、教师的申诉作出行政处理的制度，是按照行政程序进行的，其处理决定具有行政法的效力。校内申诉是学校自己就学校与学生、教师之间的纠纷进行审查处理的制度。学校作为公务法人，其处理决定具有准行政的效力。

总之，教育申诉制度是我国当前的一条解决学校管理纠纷的行之有效的途径。在当前我国教育法制进程不断推进的背景下，学校及教育行政机关应本着及时有效地化解学校与学生、教师之间的权益纠纷和维护师生合法权益的理念，依据法定职权遵循法定程序来实施教育申诉制度。

案例3—17

陈XX是某中学的二级教师，工作十多年了，一直没有参加过进修或其他方式的培训。1998年9月，学校有一次教师进修机会，陈XX向学校提出要去进修。学校以没人替他上课为由，不同意他的请求。陈XX认为校长故意和自己作对，于是与学校发生了纠纷，经常缺课。学校

扣发陈XX9月份一个月的工资及奖金900多元。陈XX认为处理不公，向区教育委员会提出申诉。

【案情分析】

申诉是教师法规定的一种教师权益救济途径。《中华人民共和国教师法》第三十九条规定："教师对学校或者其他教育机构侵犯其合法权益的，或者对学校或者其他教育机构作出的处理不服的，可以向教育行政部门提出申诉，教育行政部门应当在接到申诉的三十日内，作出处理。教师认为当地人民政府有关行政部门侵犯其根据本法规定享有的权利的，可以向同级人民政府或者上一级人民政府有关部门提出申诉，同级人民政府或者上一级人民政府有关部门应当作出处理。"此即教师申诉的法律依据。实践中，一些教师在与学校或有关行政部门发生纠纷后，向相应的组织机构口头提出或者递交书信反映情况，要求给予处理，以维护自己的合法权益，这还不是法律意义上的"教师申诉"。教师法规定的"教师申诉"是一种专门的权利救济途径。它有法定的处理程序，并要求申诉人、被申诉人及申诉受理机构按照规范的格式出具书面材料。按照《教师法》以及《国家教委关于〈中华人民共和国教师法〉若干问题的实施意见》（1995年10月印发）的有关规定，教师对于学校或政府有关部门作出的处理行为不服，或者认为学校或政府有关部门侵犯其合法权益的，均可以提出教师申诉。当然，教师应当向法定的机构提出教师申诉，如：被申诉人为学校，则向教育行政部门提出申诉；被申诉人为教育行政部门或人民政府的其他有关部门，则向同级人民政府或者上一级人民政府有关部门提出申诉。有受理义务的机构不得拒绝受理教师申诉，并应当在法定的期限内作出书面处理决定。如果有关机构拒绝受理，或者受理后超出法定期限迟迟不作处理，则构成行政不作为，应当承担法律责任，教师可以对其提起行政诉讼。

（案例来源:http://www.cnedulaw.com/article.asp?articleid=94 教育律师网 2012-7-29）

案例3-18

学生家长申诉学校教育不当

某教师在一女生(化名小芳)的课桌里发现一本武侠小说,这本是一件小事。教师完全可以采用正面教育的手段提醒学生注意。但教师却将该女生罚站,在全班同学面前站了长达一节课的时间,下课后又不许她上其他的课,勒令其回家找家长来,这就激化了矛盾,使小事变成了大事,结果导致该女生没回家而是直接出走,之后遭遇了人贩的拐卖,并引起了一系列的纠纷,家长申诉学校的教育方式有问题,直接导致孩子的出走及之后的悲惨遭遇,要求校方承担主要责任。

【案情分析】

学校作为专门的教育机构,应该在保护和教育未成年人方面发挥重要的作用。遗憾的是,在我国,就侵犯未成年人合法权益事件发生的概率而言,并不因大中小城市生活水平的悬殊、城乡之间教育教学水平的不同而有差异。目前,在中小学校仍存在着打骂学生、体罚、变相体罚、侮辱学生人格、侵犯未成年人隐私权、名誉权的不正常现象。产生这一现象的主要原因,就育人者而言,是教师受封建残余思想的影响和教师法制观念淡薄,缺乏良好的师德所致。本案中,学校和该教师最终被判承担事故的所有责任,因为教师的不当做法,直接侮辱了学生自尊,导致学生出走,而学校不仅没有加以管制,事后就该学生是否回家也没再做追究,学生属于从学校走失,故校方承担全部责任。

(案例来源:http://new.060s.com/article/2008/10/20/114729.htm)

民事诉讼 /

民事诉讼概念

民事诉讼是人民法院在诉讼参与人的参加下,依照特定的程序审理民事案件、解决民事纠纷的活动。诉讼参与人是指当事人和诉讼代理人。无诉讼行为能力人由他的监护人作为法定代理人代为诉讼。当事人、法定代理人可以委托一至二人作为诉讼代理人。律师、当事人的近亲属、有关的社会团体或者所在单位推荐的人、经人民法院许可的其他公民，都可以被委托为诉讼代理人。

在民事诉讼中，当事人是民事诉讼发生和存在的基础，其他诉讼参与人对民事诉讼的解决起辅助和推进作用，而人民法院这一审判机关在民事诉讼中属于核心地位，因为民事案件的审判权由人民法院行使。

民事诉讼中的管辖是指各级人民法院和同级人民法院之间受理第一审民事案件的权限划分。管辖权则是根据法律规定，某一案件应由某一人民法院进行审理的权限。管辖权的确定是当事人行使起诉权和人民法院行使审判权的前提条件。

案例3—19

学校围墙倒塌压死路边摊贩担责七成

中国法院网讯 天有不测风云，人有旦夕福祸。黄老伯做梦也没有想到，由于自己的固执，一场暴雨竟让他葬身于围墙下，从此与亲人阴阳两隔，还要自负30%的责任。广西钦北区大垌镇歌标村的黄老伯是个比较有经营头脑的人，自2007年3月起，他利用村小学围墙与公路边之间的空地，以围墙为依托用帐篷搭建小棚子摆设摊点，向学生销售学习用品和零食，每逢下课，学生蜂拥至摊前，几乎占了小半边的公路，生意很是红火。由于歌标小学的围墙是由1984年修建的旧教室墙体拆除而成，尽管在2007年学校对围墙进行了修缮和加高，但毕竟已经年代久远。2007年4月27日，大垌镇人民政府开展“治理学校周边环境，消除安全隐患”的专项活动，政府派出的工作人员要求黄老伯撤走摊点，但黄老伯没有接受，歌标小学也多次派员与黄老伯交涉要求其撤走摊点，未果。2009年5月18日，学校以书面形式向黄老伯发出通知，以摊点太靠近大路，来往车辆繁多，学生购买东西出入时有很大的安全隐患为由，要求黄老伯在5月22日前将摊点拆除搬迁，逾期后果自负。但黄老伯认为学校的理由不充分而没有撤走摊点。2009年6月15日下午，歌标村突降暴雨，在风力和暴雨的作用下，围墙轰然倒塌，将在围墙外摆摊的黄老伯被压倒，黄老伯因伤势过重经抢救无效死亡。2009年10月23日，黄老伯的亲属向法院起诉，要求赔偿死亡赔偿金和丧葬费等各项损失共计99258元。

【案情分析】

此案件属于典型的民事诉讼案件。本案中的围墙属于建筑物，故所涉及的民事责任属于建筑物致人损害的责任范围，属于特殊侵权责任，应按特殊侵权的无过错责任原则进行处理。大垌镇歌标小学是围墙的所有人，围墙是由旧教室墙体拆除而成，本身存在安全隐患，学校虽然多次通知黄老伯撤走摊点，但并没有针对围墙本身存在的不安全因素进行提醒，歌标小学虽然尽到了一定的合理管理和安全防范义务，但时至围墙倒塌，学校始终没有对围墙本身存在的安全隐患加以排除，因此，应承担主要责任。黄老伯未经学校同意私自在学校围墙外摆摊，在学校多次通知要求撤走摊点时拒不撤走，自身有一定过错，应承担次要责任。歌标小学是大垌镇中心小学的分支机构，不具有独立法人资格，因此，歌标小学的赔偿责任应由大垌镇中心小学承担。最终，钦北区人民法院依法判决钦北区大垌镇中心小学赔偿给黄老伯的亲属各项经济损失的70%，共计69480元。

（案例来源：http://news.9ask.cn/msss/msssal/201001/297416.html）

民事诉讼的管辖

1.级别管辖。是指各级人民法院之间受理第一审民事案件的权限划分。

2.地域管辖。是按地域划分人民法院之间的管辖，分为一般地域管辖、特殊地域管辖、共同管辖等。

3.指定管辖。有管辖权的人民法院由于特殊原因(如自然灾害或因审判人员依法

回避无法组成合议庭等)，不能行使管辖权的，由上级人民法院指定管辖。人民法院之间因管辖权发生争议，由争议双方协商解决，协商解决不了的，报请它们的共同上级人民法院指定管辖。

4. 移送管辖。人民法院发现受理的案件不属于本院管辖的，应当移送有管辖权的人民法院，受移送的人民法院应当受理。

学校民事诉讼

在教育活动中的民事诉讼，是指处于平等地位的教育法律关系主体之间因财产关系或人身关系产生纠纷，依法向人民法院起诉，请求给予法律救济；人民法院在双方当事人和其他诉讼参加人的参加下，依法审理和解决民事纠纷，保护当事人合法权益的法律救济活动。民事诉讼是教育民事纠纷法律救济的最终保障。若是处于平等地位的教育法律关系主体之间因人身或财产关系产生纠纷，可以依法向人民法院起诉，请求给予法律救济，法院会在双方当事人和其他诉讼人的参加下参加，依法审理，并解决民事纠纷，以保障当事人的合法权益。

民事诉讼审判程序涉及第一审程序、第二审程序(上诉审程序)、审判监督程序(再审程序)等，审判实行两审终审制，对一审判决不服的上诉期限是15天，对一审裁定不服的上诉期限是10天，这些与行政诉讼基本上都是一致的。本书在此从略处理，读者可参见第三章的一些内容，亦可查阅《中华人民共和国民事诉讼法》。

但民事诉讼毕竟与行政诉讼有不同之处，如行政诉讼中作为被告的行政主体无反诉权，而在民事诉讼中被告则有反诉权；再如行政诉讼不适用调解原则，而民事诉讼中调解是一重要原则。

案例3—20

小军诉河南省许昌市魏都区某幼儿园人身损害赔偿纠纷

三岁的小军（化名）是许昌市某幼儿园刚入托的男童，2008年2月25日，小军在幼儿园老师的安排下午休，不料睡觉期间，被同班另一名幼儿咬伤面部。事发当天，幼儿园为小军注射疫苗并支付了疫苗费用，小军经医院治疗一段时间后，虽然面部伤情痊愈但却留有疤痕，并且被咬伤后性格由原来的活泼可爱变得胆小怕见生人，睡觉时还经常被惊醒。小军母亲便带儿子去北京等许多医院检查治疗。同年3月19日，小军母亲申请对小军的伤情进行鉴定，结论为轻微伤。小军母亲多次找幼儿园协商无果后，遂以儿子名义将幼儿园告上法庭，要求幼儿园赔偿各项费用15000元，并在举证期间内向法院申诉对小军面部伤痕是否需要美容及相关费用进行鉴定。6月6日许昌某司法鉴定所出具鉴定结论：小军左面颧部瘢痕需整形美容，费用约需人民币3000元。12月16日，河南省许昌市魏都区人民法院审结了这起特殊的人身损害赔偿纠纷案，支持了原告的诉讼请求，依法判决被告赔偿原告医疗费、交通费、美容整形等费用共计6403.74元。

【案情分析】

本案涉及对无民事行为能力人的监护问题，主要争议焦点在于责任的分配和监护的义务主体的确定，因而分析该案件需要梳理如下线索：前提认定，即无民事行为能力人的相关认定。所谓无民事行为能力人是指完全不能履行民事行为的自然人，在我国法律的界定上主要包括丧失认识能力的精神病患者、智力发育不正常的人和十周岁以下的幼童。本案中的原告小军为第三种情形，属于无民事行为能力人。在本案中，小军在幼儿园被其他小朋友咬伤，主要责任在于对方小朋友，但是此时二者的监护主体均为该幼儿园，需承担良好监管的义务。由于幼儿园的老师存在工作疏忽，未能及时发现异常并予以阻止，才导致了该事故的发生，因而幼儿园需承担看护不力的赔偿责任。

（案例来源：http://www.110.com/ziliao/article—132089.html发布日期：2009—04—22登陆日期：2012—8—13）

民事诉讼中需要注意的几个问题

1.诉讼主体的确定问题

在校未成年学生致其他学生人身伤害的案件中，原告一般应为受害的未成年学

生，其监护人作为其法定代理人参加诉讼。被告应该是造成他人伤害的责任人，其监护人应与责任人一并列为被告，因为未成年学生的监护人不仅是法定代理人，同时又是损害赔偿义务人，如不将其列为被告，势必造成不是案件当事人却是承担法律责任的主体的局面，这与法理是相违背的。如果责任人伤害他人时已满十八周岁，根据民法通则的有关规定，在其本人没有经济收入或财产时，可以列其抚养人为第三人，由抚养人承担先行垫付责任。

2. 赔偿义务人责任承担问题

对于在校学生给在校学生造成伤害以及校外第三人给在校学生造成伤害的案件，学校是否应与加害人或其监护人承担连带责任还是承担按份责任，笔者认为应让学校与加害人或其监护人承担按份责任，按其所承担的过错程度来确定所承担份额的大小。如果二者承担连带责任，执行的结果往往是由学校承担全部赔偿责任，这对于学校教育的发展来说是不公平不合理的，所以应根据双方的过错程度大小，来决定各自应承担的赔偿份额。

3. 举证责任问题

根据我国《民事诉讼法》的有关规定，一般举证责任分配原则，即“谁主张，谁举证”，受伤害学生想获得赔偿，就由学生或者未成年学生的监护人承担举证责任。这时可以根据实际情况实行举证责任倒置来分配举证责任。即学生伤害事故发生后，应首先推定学校有过错，如果学校能够证明自己确实尽到了管理责任，不存在过错情形，学校就不承担责任。如果学校不能够证明自己无过错，那么就推定其有过错，要承担相应的民事责任。

4. 公平责任原则是否适用问题

公平责任原则，就是指在致害人和受害人都没有过错，在损害事实已经发生的情况下，以公平作为价值判断标准，根据案件的实际情况和可能，由各方当事人公平地分担损失的归责原则。从民法理论分析，公平责任原则的适用应当是在过错责任原则与无过错责任原则都不能适用的情况下，为平衡利益所作的适用。如果能够适用过错责任原则或无过错责任原则的，则不能适用公平责任原则。同时，公平责任原则的适用也应当有所限制，而不能随意扩大适用的范围。